人が活躍するツーリズム産業の価値共創

島川　崇・神田 達哉・青木 昌城・矢嶋 敏朗　共著

成山堂書店

はじめに

　本書の構想は、コロナ禍の前から議論し始めていた。いまでこそ、コロナ禍によってツーリズム業界は壊滅的な打撃を被ったとされ、廃業や業務縮小に伴うリストラや配置転換、転籍等が行われているが、コロナ禍の前、それこそインバウンド全盛の観光ブームが席巻していたときから、すでにこの業界では人の価値を蔑ろにしつつあり、それに対する警鐘を鳴らすべきだとの議論を行っていた。そのようななか、突如として襲ってきたコロナによって、人の大切さを説くよりも、いかに会社が存続するかという切羽詰まった状況となってしまった。

　コロナ禍で業界全体が苦しんでいるいま、事業の再構築をする機会として捉えて積極的に議論を始めた事業体もある一方で、結局そこで行われている議論は、いかにコストを抑え、効率的な経営ができるか、そればかりが俎上に載せられている。

　伝統的旅行会社からインターネット専用の旅行会社OTA（オンライン・トラベル・エージェンシー）の幹部に移ったある人物に話を伺ったことがある。そのときに言われていたのが、OTAの管理職ではない一般労働者の日常業務は極めてルーティン的業務が多く、それだけを見ていたら旅行業であることがわからない。よって、一般労働者は旅行業への愛着も生まれることもないので、待遇だけで人はどんどん入れ替わる。しかし、ルーティンなので、引き継ぎさえきちんとすれば、誰が担当しても変わらない。

　筆者はここ十数年観光を専門とする大学に身を置いていたので、観光を専門に学んだ卒業生を業界に送り込んできたが、台頭するOTAに卒業生を送り込もうと思っても、企業側がまったく興味を示さない理由がそこでわかった。下手に観光のことがわかっているよりも、一般労働者は「情報処理」に徹して欲しいのである。

　OTAがますます台頭してくるなかで、一般労働者は、思いや感情や志なんてものはまったく必要ない世の中になってきた。

　さらに顕著になってきたのは、OTAは規模の大小に関わらず、経営者は伝統的旅行会社よりも莫大な収入を得るようになった。一般労働者は低収入であっても、日常業務がルーティンとして構築できているから、それが不満で辞

めようが、次つぎに代わりが入ってくる。それでなんの問題もない。その原資はそれこそ旅館、ホテルといった宿泊業からの手数料だが、これも年々高くなってきている。東京2020オリパラでも問題となった「中抜き」の構図、すなわち、人材派遣等が受注段階ではその人件費がある程度高値で計算されていたものが、中間で抜き取られ、最前線の労働者が受け取る段階では最低賃金に張り付いているような状況が当然のように常態化している。世の中のスタートアップで流行っているのは、「プラットフォーム作り」といったキーワードに象徴されるような、誰かを馬車馬のように働かせて、自分は労苦をせずに中抜きするビジネスばかりである。

結局、ツーリズム業界に関わる人びとが、観光への愛着も生まれず、搾取され続ける構図が見事に構築されてしまった。

ツーリズム業界に関わるすべての人が、それを喜びとし、価値をともに創発していけるような環境を作っていかなければ、この業界は確実に衰退する。その危機感から、本書の構想が始まった。

大切なのは、価値を「共創」することである。すなわち、観光客も、経営者も、一人ひとりの従業員も、観光地で観光客と接する業に従事している人も、観光地の地元住民まで、ツーリズムに関わるみんなが喜びを感じ、その果実の正当な分配を受けることができる環境の構築である。そこで、この問題意識を共有した4名の執筆陣で以下の章立てで議論を展開した。

第1章は、ホテル業の人材部門における経験が豊富な青木昌城により、「人」をテーマに価値共創できる企業の組織マネジメントについて論じた。

第2章は、旅行業の労働問題が専門の神田達哉により、ツーリズム産業の具体的なサービスのあり方についての議論を展開した。

第3章は、再び青木昌城により、高価格帯ホテルを事例に、宿泊業を中心としたサービス・イノベーションに関して問題点を明らかにした。

第4章は、観光学の持続可能性について長年研究している島川崇により、スーパーガイド、カリスマ添乗員と呼ばれる卓越したプロ中のプロが、観光人材としてずば抜ける要因を明らかにした。

第5章は、再び神田達哉により、伝統的旅行会社のリアル店舗のサービスコンセプトをここで改めて再確認し、顧客満足と従業員満足の両方の重要性を説いた。

第6章は、青木、神田、島川が、それぞれの知見をもとに、類似環境下に

ある他産業において、まさに「価値共創」が実現できているリアル店舗の事例を集め、その成功の要因がどこにあるかを明らかにした。

　第7章は、長年旅行業と旅行業界団体で活動し、現在は大学教員として業界と連動しアイデアあふれる指導に定評のある矢嶋敏朗により、旅行業界の価値共創の方向性について、全体の総括としての位置付けでまとめあげた。

　本書は、ツーリズム産業に現在従事する人びとはもちろん、これからこの業界に身を置きたいと願う志の高い学生たちへのエールでもある。これからこの業界にやってくる人びとのことも考えて、ツーリズムに関わることができて心からよかったと思える環境をみんなで力を合わせて作っていきたい、そう強く願って執筆した。

2021 年 11 月

執筆者を代表して

島川　崇

目　　次

目　　次

第1章　協働の組織が価値を共創する

　本章におけるテーマは「人間」である。

　人間は、「組織」を構築して、それぞれの「目的」や「目標」を達成しないと独りでは生きていけない動物である(注1)から、原始時代であろうと21世紀の現代世界であろうと、この「根本」に変わりはない。むしろ、より分業によって複雑化し、要求知識が高度化した現代世界ではなおさら「組織」の重要性は高い。

　単純明快なことだけに、つい普段の生活やビジネスの場で失念してしまう基本の重要事項なのである。あらゆる面で「人間」を扱い、そこから収益を得る、人的サービス業においては、特に「業として基礎をなす」ことだ。

　本書では、あえてこの根本から論を進めることとする。

1.1　人間と組織

(1) 育　　ち

　「人間」と「組織」を考えるために、また、より理解を深める確認のために、「人間」と「犬」のことを例にしよう。

　我われのはるか祖先たちの時代から、万年単位で共存してきた動物が「犬」である。オオカミを起源とする彼らにも、我われ人間と同様に、生きるために「群れをつくる」という習性がある。ボスをトップに、厳密な序列社会を構築している。しかも、人間が作る序列は、「ピラミッド型」が一般的であるのに対し、犬の序列は一列の直線上にある。つまり、「同格」という概念がない。

　さらに、犬の脳は、我われと違って、思考を司る前頭葉の発達がない。よって、たとえ群れの序列で最下位にあっても、その犬や上位の犬がその犬を蔑んだり、自身が恥ずかしいといったストレスを発生させる感情を持つことはない。しかし、絶えず群れの中で序列を確認し、支配欲から常に上位を狙う習性がある。

　そこで、人間は、「最高位のボス」として、ボス犬の上に位置することを教えて、群れごと支配し、そうやって何世代にもわたって犬を使役してきたのである。昨今の「ペットブーム」から、飼い犬に手をかまれる飼い主があとを絶たないのは、犬の群れの序列のなかに飼い主が入ってしまうことが主な原因だ

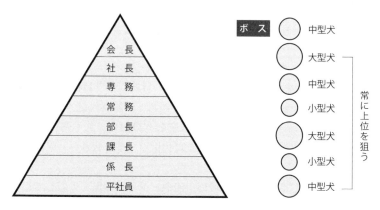

図1.1　人間と犬の序列のイメージ

といわれている。そこで、子犬から飼育してペットとするには「育て方」に注意しないといけないことになる。

①　群れと集団

「育て方」は、育てる側からの言い方である。育てられる側からしたら、「育ち」ということの重要性がわかるだろう。本能によって行う母犬による子犬たち（数頭が必ず同時に産まれる）の育て方には、「兄弟犬たち」との共同生活もあって初めて「社会化（犬社会におけるルールの習得期）」されるから、生後の一定期間によるこの時期が個体ごとの一生を左右するとも言われている。これによって、子犬を母親から引き離す時期が、欧米では法によって定められているのである。犬社会のルールを知らずに親や兄弟姉妹から切り離された個体は、その後、成犬になってもそのルールが理解できないので、犬としての不幸が約束されてしまうのである^(注2)。

　これは、人間にも当てはまる。人間が自我を確立するまでの幼少期の育ちが、「三つ子の魂百まで」と諺にあるように、その人物の一生を左右することに通じるのである^(注3)。もちろん、社会人を受け入れる企業にあって、本人の幼少期に遡ってのコミットはできないし、就職するまでの学生期さえ無理だろう。幼少期ならば家庭環境、それ以降の学生期なら、もはやわが国では「学校」にほぼ全面的に委ねられているのが現状だ。

　すると、本章で議論する主たる対象とは、「入社後の育ち」という「職業人生の最初の場面から」になるのではあるけれど、改めて言うまでなく、さまざ

まな人生における「生後からの育ち」での「刺激」による「人格形成」は、「入社後」にも決して無視できない基盤なのである。

　さて、人間も「群れ」をつくる。ただ、そこにいる個人が、「遠目から集まっているように見える状態」のことをいう。こうした「群れ」を「集団」と言い換えることができる。たとえば、電車やバスなどの乗客は、同じ方向へ向かっているけれど、個々人の乗車目的はバラバラである。ただ人間が集まっている状態だ。また、ある特定の場所に、無理やりに集められた人間たちも「集団」である。だから、集団には明確な目的があるようでない。

　たとえば、人気の有名飲食店に順番待ちで並ぶ集団は、「自分の順番待ち」が目的であって、集団そのものの目的は存在しないことでわかる。集団そのものに「目的」や「目標」が設定されると、たちまち「組織」となる。

　犬の群れ（集団）が、ボスのもと「狩り」を行うとき、すなわち、獲物を狩るという目的で集団行動をするとき、「組織化」された、というのである。

②　人と組織

　社会におけるあらゆる活動の最小単位は、「個人としての人」であることを知らない者はいない。しかし、あまりにも当たり前のことなので、これを議論するのは「ビジネス論」としては抽象的にすぎるゆえに、「暇人」の文学とか哲学の分野にすることとして実質的には「無視する」ことが多い。よしんば、「たとえ話」としての「美談」や「訓話」としてトップが語る程度になってしまうものだ。

　実際に、経営破たんした旅館やホテル、スキー場などを自己勘定投資（自社がリスクを負う投資）して事業再生の実務を多数経験した筆者は、物件引き継ぎ前に面談した事業に失敗した経営者たちから、「経営理念を考えてもカネにはならない」という「意見」を、他の案件でも別人の経営者が同じセリフを言うので、何度も耳にしたことがある。また、このような経営者の下でビジネス経験を積んできた（育ってきた）従業員たちも、まったくの別会社なのに、再生の当初は同じような感想を抱いているものだ。「抽象的な議論をしてもムダだ」と。

　彼らからするとすべての、「ビジネス論」の「王道」とは何かといえば、「テクニック論」になっているのである。それが、「会計・経理」のことだったり「売上増進」、あるいはIT関連も含めた「ビジネス環境・設備管理」といった、「専門知識」を指すことが常識のようである。

　また、昨今は、いかに人件費を削減するのか、という「方法論」が流行の経営テーマになっていたところへ「人手不足」と「コロナ禍」が襲い、盤石とされていた企業さえも、その存続が根本から脅かされるに至ったのだった。この意味で、「コロナ禍」といっても、最初の緊急事態宣言の前後といった、「早い時期」に廃業等に追い込まれた事業所は、「それ以前の問題」を多数、同時並行的に抱えていたと推察できるので、案外と「まだら模様」なのではないかと疑うのである。

③　人と社会と文化のさまざま

　個人の生活空間を最初に考えれば、社会の最小単位は「家族」となる。その家族の集合体が「地域」を形成し、「地域文化」も同時に作られていく。そうなると、地域が家族に影響を与え、家族は地域の一員としての役割を果たすようになる。そして、この地域が集まると、さらに大きな「文化圏」ができる。

　私たち「人」は、世界のどこかで、毎日、こうした場所に生きている。

　日本人が、西洋の文化に本格的にさらされて生きることになったのは、大航海時代の産物としての「南蛮人」との交流があってからである。たとえば、種子島に伝来したという「鉄砲」は、当初たったの2丁であったものが、刀鍛治の努力によって国産化に成功するや、当時世界最大の銃器保有国になっていた。

　もちろん、江戸末期から明治の開国によって、一気に西洋化を突き進めるのであるけれど、そこで言われた「和魂洋才」とは、それまでの「和魂漢才」の文字を変化させた表現でもあったから、当時の人に特段珍しい表現ではなかったろう。

　「バテレン禁止令」をもって、幕府は儒学のなかでも「朱子学」一本にその思想上の価値を置いたから、全国諸侯の常識も朱子学でなくてはならなくなった。ときに幕末、松下村塾で知られる吉田松陰が、塾生を相手にしたのは、朱子学ではなくて、真っ向対峙する王陽明の陽明学をもってした。

　つまり、維新の英傑すなわち明治の元勲たちは、西洋の学よりも先に陽明学（主たるテキストは『伝習録』）を修めていたのである。

　わが国の「儒学」が、本場中国大陸や李氏朝鮮のように宗教としての「儒教」

松下村塾跡

にならず、あくまでも「学問」としていたのも「日本（文化）的」なのである。そして、武士でも上級職にあった家柄のひとたちが朱子学を学んだのに対して、下級の逸材が陽明学を学んだことも不思議な巡り合わせである。伝統的な慣習の踏襲であれば、上述のように朱子学だけでよかったはずだから、武士の教育にも「新しい時代の気運」があったのだろう。

そもそも「儒学はなにか」を説くにはいささか乱暴ではあることを承知で言えば、天子たる皇帝を補佐するにあたっての「臣下の心得」をいう。その解釈の一派が朱子学であった。ところが、陽明学は、理想の追求には自己研鑽によるところ大であるために「実学」とも言われている。そう考えれば、陽明学が日本人好みとなる下地をもっている。

私たち一人ひとりの素地（そじ）には、以上のような文化的な物事が練り込まれているのである。

1.2 西洋との出会いと『厚黒学』

多くの日本人が、翻訳書といえば原著が英語や仏語など欧米の書物が一般的になっているなかで、古典ではない現代中国語で書かれた、『厚黒学』（「ずぶとくはらぐろいがく」と読む）(注4)という、ほぼ最後の科挙合格者（隋の時代598年から1905年まで実施された官僚登用試験で、一般に最高難易度の「進士」のことを指す）ともいえる李宗吾が記した現代の「奇書」がある。最初の発表は、1911年（著者本人は「民国元年」と表記、日本人には「明治44年」）である。

彼は清朝末期（しん）の高級官僚になったものの、あまりの腐敗ぶりに嫌気が差して、官を辞して故郷に帰り隠棲したという、古代の聖者のような経歴だけでかなりの「変わり者」であることがわかる。それでも、英雄・英傑になるにはどうしたらよいかを研究して、『厚黒学』に行き着いたという。いわば、人間の性（さが）を、絞るように発見した「真理の書」ともいえる。

西洋人には、『聖書』がこれにあたる。なかでも、『旧約聖書』は、ユダヤ教徒、キリスト教徒、イスラム教徒にとっても「共通の聖典」である。世は「グローバル化」時代というのに、聖書を知らずに、これらの人たちとビジネス（＝契約締結）をするのはどういうことなのか。うまくいかなかったり、失敗することの遠因になっているはずだと断言できるのは、そこに「価値観」という文化が示されているからである。逆にいえば、聖書を読めば、彼らの行動原

理や教訓としての常識をおおよそでも知ることができる。

　これこそが、「儒教」を「儒学」にとどめた、むかしの日本人の「読み方」に通じるのである。

　著者の李氏にとって、「民国元年」とした気持ちもわかる。辛亥（しんがい）革命こそ、清国で起きたもので、1911 年から 1912 年の出来事である。これによって、中華民国が成立した。それには、欧米列強による領土の「切り取り」という事態があった。本書の背景は、まことに血なまぐさい時代があったのだ。聖書も、儒学もない、現代日本人に、厚黒学は「今更」ではあるけれど、ひとつの価値観を提供している。

　本書は、当初、中国の古典（四書五経）をパロディー化（注5）したとして、「滑稽本」に扱われた。しかし、中国の古典をパロディー化しながら、他国領土の「切り取り」に熱中する、欧米列強の「腹黒さ」を暴いてもいるのである。古典のパロディーを滑稽とする「教養の素地」を侮ってはいけない。オリジナルに精通しているからこそのパロディーなのだ。

　いまに通じる「真理」として、人間を扱う「人的サービス業」には必須の、国際感覚を含めた人間学の基礎知識になること間違いない。

　それは、利用客の「利用目的にある腹黒さ＝本音」と、働く側の「労働と収入を得ることでの腹黒さ＝本音」の双方が、混沌（こんとん）とした価値観の中で激突する時代になったからである。そしてそれがまた、全産業の頂点が「観光業」という、人的サービス業である、からでもある。（注6）

（1）専門家が独占する科学

　マスメディアが「最大公約数」をもって世論形成してきたけれど、これからは、ソーシャル・ネットワークが、「個と公」となり、「一と多」を結んで社会を変えると考えられていた。（注7）

　しかしながら、2020 年初頭からの新型コロナウイルス感染症（以下、新型コロナ）の世界的大流行が示したように、既存マスメディアの顕著な「健闘」（＝「煽り」ともとれる）が目立って、期待されたほどの威力がソーシャル・ネットワークには見当たらず、せいぜい「うわさ話」の域を出なかった。すなわち、「情報化における民主主義の変化の可能性」（注8）とは、無邪気すぎる希望にすぎなかったことになったのである。

　しかし一方で、あらゆる手段でユーザーの個人行動を把握する技術も磨かれ

ている。たとえば、「スマート・スピーカー」は、ユーザーの会話をすべて聞いていて、これをデータとして収集しているのだが、ユーザーは、自分が問いかけたときに「しか」返答しないことで、会話を収集されていることを意識しないでいられる[注9]。これには、言語特性があって、英語から開発が始まったけれど、徐々に日本語における解析も確度を高めている。宿泊業における「応用」が今後話題に上がるだろう。

ユーザーの個人データ収集という面では、「決済」という場面も重要だ。スマートフォンの「決済アプリ」や「自動家計簿」などがこれにあたる。どんな物品をいつ、どこで、どのくらい、いくらで購入したかが把握されている。ユーザー本人には、キャッシュレスの利便性を提供しつつ、サービス提供者は購買情報を得るばかりか、それを「信用」という面でも解析しているのである。すると、個人ローンの申し込みも、審査も、瞬時にアプリで可能となれば、かつてなかった細やかな「リテール・バンク」の機能がスマートフォンで提供されることになる。

これらのことを具現化するのが、「専門家」になってきている。従来なら、社内専門家としての「採用」もあったし、「異動」による育成もあった。しかし、現代では、多くが「プロジェクト化」[注10]して、外注が一般的になっている。

このことの重要性は、個々人の職業人生にいかなる変化を与えるのかという命題に直結する。それは、企業活動だけでなく、企業外の個人についても、過去とは違う対応が必要になっていることを意味している。逆に、企業は従業員（あるいは企業内外の「関係者」）との双方向コミュニケーションの深みを追求しないと、たとえば、従業員が企業を見限るかもしれない。また、従業員がいかほどの顧客を持っているのかまでもが「必要情報」になるだろう。

顧客は企業を好きなのか、それともいつもどおり自分のことを理解してくれる個人名が言える従業員が好きなのか、という視点である。

すると、こうしたことをどのように「報酬制度」に応用するのか、個々人の職業人生を見据えて新人をどのように「育成」するのか、ということが、直接の課題になってくるし、企業への忠誠心（＝やりがい）をいかに養うのか、ということも欠かせない。[注11]

こうした「細分化」が、実際の企業の競争力の源泉であり、死活問題になる時代となったのである。

1.3　業界人という専門家

（1）職業倫理と企業の社会的責任

　職業人が持つべき「倫理」が、職業倫理である。職業倫理を持った集団を組織化させることで、企業はその社会的責任を果たすことができる。

　わが国の近代においては、企業の不祥事や公害（企業による環境汚染）といったことも含めて、問題発覚の都度、社会的責任が追及されてきたし、何らかの社会的制裁が実施されてきた。また、そのための法体系も整備されてきた。

　こうした「制度」を、「社会インフラ」と位置付けてきたのである。

　しかし、残念なことに、これらが危機的な状況にある。たとえば、世界保健機関（WHO）からの指示などで、PCR検査という新しい方法での新型コロナ陽性者を「感染者」としてしまう報道は、診察によって診断するという医師の専権事項に対して越権行為なのではないかという医師の声や、2020年12月2日の参議院「地方創生および消費者問題に関する特別委員会」における、PCR検査の精度に関する政府参考人（佐原康之厚生労働省危機管理・医療技術統括審議官）の答弁で「PCR検査の陽性判定は必ずしもウイルスの感染性を直接証明するものではございません」、「PCR検査の陽性判定＝ウイルスの感染証明ではないということでございます」との発言報道が皆無であるといった事象が、ネットユーザーによって拡散している。さらに、アパレル業界を見れば、人身売買や奴隷労働が国際的に指摘されている問題では、意識希薄な対応をすることで、アメリカで輸入禁止措置がとられたり、外国の捜査機関が捜査開始を告げるなどの「事件」が報じられている。[注12]

　前者は、人的サービス業を直撃する「感染症」の、根本に関わる疑念を示すし、後者は、企業の「調達」に関する問題提起であり、そのサプライチェーン全体に、企業の社会的責任を問われる事例となっている。しかし、企業組織とは、職業倫理を持った個人の集合体をもって形成されるので、本質的には企業と同時に担当者までもが「問われる」事態となるのである。

　さて、こうした「問題」は、人的サービス産業にとって、感染症なら巨大すぎるし、他業界なら周辺社会の問題だからと他人事としてよいのか、それともどのような影響があるのか、となってきていることに、「業界人」は無頓着ではいられなくなった。詳しくは第3章で述べる。

（2）工業社会のエトスとしての「従来のサービス業」

「エトス」とは、習慣や特性を意味する言葉である。よって、「行動様式」のことである。ここでいう、「工業社会のエトス」とは、産業界だけでなく社会全体が、工業に支えられていた時代を背景にしていることをいう。別の言い方をすれば、「物不足の時代の価値観」と考えればよい。

「価値観の多様化」が言われはじめたのは、いまから半世紀も前の1970年代であった。慢性的な物資不足どころか飢餓の危機まであった、終戦直後の経験から、奇跡の大発展を遂げたわが国だけでなく、戦場として壊滅的な打撃を受けたヨーロッパでも、物資不足は普通だった。アメリカの良き時代の1960年代とは、こうした貧困の世界に先駆けて、「豊富な物資の消費」を謳歌した時代をいう。

わが国で伝説となっている、石油ショック時に「トイレットペーパー」を買いあさった当時の主婦たちのパニック的な行動とは、物資不足に逆戻りすることの恐怖からの行動だった。しかも、根拠がない「うわさ」を起源としていた。それが、50年経った現代で、コロナ禍中のティッシュペーパーの不足にもなったから、案外と根深い不安が遺伝されているのかもしれない。

大量生産・大量消費を「善」とした価値観も、工業社会のエトスそのものである。これを、梅棹忠夫は「粗っぽい工業」[注13]と呼んだ。いま、我われが知っている、「多品種・少量生産」に加えて、「品質重視」ではなかったことを指す。日本製品の代名詞だった、「安かろう悪かろう」こそが初期の工業の姿ではあったが、物資不足の時代には十分な需要に満ちていたのである。現代の日本製品が「最高品質」の代名詞となったのは、垂直分業（親会社‐子会社‐孫会社）の進化（「深化」ともいえる）による、設計と製造現場間の「摺り合わせ（工程上の品質管理とコスト管理の同時遂行）」によって達成した。逆に、これらが「できない」時代は、大量生産に重きがあって、結果的に安いが品質は悪かったのである。

社会全体が、そんな物不足と粗っぽい工業製品に満たされようとしていた時代は、「人的サービス産業」という概念も希薄であったばかりか、そうした安っぽい「物資」に頼るしかなかったのである。それは、いわば「便乗」という状態であったのだが、これを疑う人もいなかった。

さらに、当然だが、インターネットもない時代、人びとの移動手段が「船」から「飛行機」になっても、物理的距離は縮まらなかった。外貨の持ちだし規

制（注14）ばかりか、航空運賃を含めた渡航費が高額だったからである。それは、「正規運賃」の時代であって、「格安航空券」（注15）というものも存在しなかったからだ。

　だから、「外国は遠きにありて思うもの」であって、自分が観光で渡航するなどというのは、庶民の人生ではあり得ないのが常識だったのである。

　つまり、幅広い情報もなく消費者が自ら経験もできないから、ある意味「押しつけ」が可能だった。「外国ではこうだ」といわれれば、否定するほどの確信がない。一方で、料理人の「本場経験」からの料理などは、そのまま「高級ホテル」を表現する代名詞にもなったのである。それは「旅館」でも同様で、団体受け入れで大繁盛していた頃に「完成」した「旅館料理」が、あたかも「正式」日本料理の王道のごとく浸透し定着した。この意味で、やや辛口になるものの、「粗っぽいサービス産業」は、まさに工業社会のエトスとして存在したのである。

（3）将来の「サービス業」

　ならば、将来のサービス業とは、どんなエトスのもとにあるのだろうか。

　それには、現代社会の文化をよく観察しなければならない。たとえば、わが国を代表する文化は、「伝統的」と「サブカルチャー」とに二分化して存在している。主に中年以上の富裕層から支持される「伝統日本」の体験要望と、若年層を中心としたサブカルチャーを「クールジャパン」としてキャンペーン化を図るのも、「体験要望」を共通にしている。

　これは、「観光」が「見るだけ」から、「人生の厚み」や「楽しみ」の一部に取り込まれていることの「先祖帰り」でもある（注16）。また、『観光のまなざし』（注17）における、観光は近代以降の社会にしか存在しない、という指摘は、「グランドツアー」（注18）の伝統を知っているヨーロッパからの発信である。一方で、わが国独自の江戸文化を見れば、『東海道中膝栗毛』を挙げるまでもなく、同時代のヨーロッパより先進的な旅文化があった。しかし、それも近代工業のエトスに飲み込まれたのであった。

　実際に「観光客が誕生」した原因も、「近代工業」の成立による、「労働者の誕生」という、工業のエトスがあってのことだった（注19）。であればこそ、将来を予想するには、現代のエトスを考えなければならない。ポイントは、ネット（通信）技術の陰と陽である。

　陰としては、サイバーセキュリティー問題が国家レベルという問題を超えて、個人の端末を狙ったものになることからわかるように、その「追跡能力」が、ミクロの個々人に及んでいることにある。そして、このことが、たとえば、「スマート・スピーカー」に応用されて、自宅におけるオートメーションが可能となったように、「利便性」という陽になって私たちの生活を豊かにしている。

　したがって、将来のサービス業の基本に、「個人の把握」が重要な役割を果たすようになる、と予想できるのである。これは、従来の「顧客情報」といった大まかなレベルではないことに注意したい。いわゆる、「過去からの延長線上にはない」ともいえる。

　よって、サービス提供者たる事業者は、企業、個人事業者であっても、「詳細」なる顧客の個人情報を応用する時代になる。一方で、「顧客」の方も、自らが利用するサービス提供者の「素性」について、これまで以上に敏感になるだろう。それが、周辺へも、その個人の嗜好や資質を示す指標になる可能性があるからである。すなわち、あらゆる分野で購入した物品に「ブランド」があったように、あらゆるサービスのブランド化が始まると考えられる。水平にも垂直にも、情報取得が容易かつ迅速化することが、そのまま企業行動の評価になるのである。そんな行動ができる組織をいかにして構築するのかが、人的サービス業にとっての最大の課題となっている。

1.4　組織のマネジメント

（1）組織の定義とマネジメントとは

　前節冒頭で述べたように、「群れ」や「集団」に、「目的や目標」ができて、この「目的や目標」の達成を、その「群れ」や「集団」で遂げることを決めたら、たちまちにして「組織」になるのであった。

　このときの「決めごと」とは、いわゆる、「5W1H」に集約できる。

　　・「When：いつ」「Where：どこで」「Who：だれが」「What：何を」
　　　「Why：なぜ」「How：どのように」、さらに、「How mach：いくらで」、
　　　「ByWhen：いつまでに」が加われば、それは、「計画の基本」となる。

　したがって、組織とは、共通の目的・目標を持った集団で、システム的に分業を行って、合理的に目的・目標達成のために行動するものだ、といえる。

　この組織を「マネジメントする」のは、一般に「マネジャー」であるといわ

れているが、構成員たるメンバーは、常にマネジャーからマネジメントされる「受け身」の存在である、ということではない。むしろ、メンバー個々人が、自らの立場を合理的に判断して、組織目標達成に注力することを求められている。これを、自己統制ともいう。

　よって、マネジャー本来の組織マネジメントとは、メンバーが自己統制の能力を発揮できるように援助することに尽きるのである。

　だから、一般的に言われている「マネジャーがマネジメントする」というのは、間違いである。これが理解できれば、「ハラスメント問題」の多くが、発生もしない状況となる。強権を持ってメンバーを支配し、命令する役割がマネジャーに与えられているのではない。むしろ、「計画の基本」を絶えずメンバーが自身で確認しながら、無理なく目的の遂行に励むようにするのが、本来のマネジメントなのである。

　社員を採用して、新入社員時代から、こうしたマネジメントの環境にある企業は意外と少ない。こうしたことが、「業績」に反映されるのは当然だが、マネジメントに成功している企業では、社員の職業倫理も含めた「育ち」が、不得意な企業と比して優位にあるのは当然である。

　たとえば、近年社会問題になった、大手自動車企業における「検査不正」で、不正が「発覚」した企業とそうでない企業とで「明暗」が別れた理由のひとつに「マネジメントの得手不得手」があったと推測できるのである。その重要な先行事例が、忘却しかかっているかもしれない、「JCOの臨界事故」（1999年）である。[注20]。核施設で初の死傷者が出たという事象も重大だが、その原因に「TQC」（全社品質管理）が、マネジメントの欠陥によって「暴走し」てしまい、安全性よりも「現場作業のしやすさ」が優先されてしまったのだった。つまり、この事故の教訓が、自動車会社のマネジメントに活かされなかったということなのである。ならば、人的サービス業においてはいかがなのか、も同時に問われているのである。もちろん「TQC」が問題の本質ではなく、あくまでもマネジメントの欠陥が問題であるのだが、果たして人的サービス業で「TQC」すら実施されていることも少ないのが実際のところである。

（2）組織を動かすマネジメント

　「組織」とは不思議なもので、同じメンバーなのに、マネジャーが交代するとたちまちにパフォーマンスに変化が現れたりする。これは、数名の職場規模

だけでなく、万人単位の大企業であっても、トップ人事で変化することがある。

　つまり、トップであろうがミドルであろうが、マネジメントの得手不得手が、目的・目標達成に多大なる影響を発揮するのである。

　一般に、「企業組織」は、「目的別」、「専門別」に区分けされている。よって、ある職場にはその職場でしか通じない「専門知識」が「常識」になっている。新人は、異動してきた途端に、この「専門性」におののくことがあるので、その職場の目的達成には、「専門性の研鑽」が要求されるものである。しかしながら、前述のように、組織のパフォーマンスを決める前提条件、あるいは、基盤として「マネジメント力」があることを忘れてはならない。

　その具体例は、「MTP (Management Training Program)」であり、TWI (Training Whithin Industry)[注21]だ。元はアメリカ軍が第二次世界大戦の戦前に開発していた、「管理職養成」のための訓練プログラムである。日本には、終戦直後の立川空軍基地における、日本人職員向けに導入され、それが基地に航空機の部品を納める日本企業にも採用されるようになって企業内での効果が認められると、「マッカーサー指令」（GHQ から日本政府への命令）として全国の製造業に普及した。このことが、後の高度成長期における日本企業の強みになったことは否めない事実だ。

　MTP を導入している企業は、これを「社風」にまでしている傾向が強い。トップ自らが、MTP を企業文化にまで昇華させて、全社での基本的な取組みにする必要性をよく理解しているからだ。

　一見、MTP は、「新任管理職研修」と受けとめられがちだ。日本企業は年一回の定期採用を基本としているから、新入社員から定年退職直前まで、まるで「年輪」のような年代別人員構成になっている。さらに、わが国の経営者は、社内昇格を旨とする傾向があるので、オーナー企業以外は、定年がない経営陣までもがこの年輪の中にある。

　したがって、トップが思いつきで、あるいは研修企画担当者の一存で、「MTP 導入」とした場合、新任管理職という「一年分の年輪だけ」に教育しても、決して「企業ぐるみ」にはならないばかりか、却って組織内に軋轢を生んでしまうリスクが高まるのだ。そこで、経営トップからしっかり研修を受講して、良い意味での「信者」になることが重要なのである。組織の上からこうして実施し、最後に新任管理職研修を行って、毎年のことにすれば、社風にする

ことも夢ではない。いわば、ピラミッドの上部から下部へと MTP に染まるようなイメージである。

　ときに、動かない組織と動く組織が議論になることがある。大概がトップ層の「ぼやき」なのではあるが、それがあたかも「自慢」に聞こえることがあるのは、「動かないから社長自らが頑張っているのだ」という主張なのだ。なるほど、これでは社員は動かない。それは、「共働」を意味するからだ。第3章で述べる「協働」とは似て非なるものだ。

　トップ層が社員と一緒になって現場で働くのが「共働」である。組織が極めて小さい数名程度なら否定はできないが、小規模でも「組織図」ができるほどの規模ならば、トップ層が「共働」で満足するのは心許ない。それは、その企業の事業目的の遂行という、トップにしかできない役割の放棄にもなるからである。しかも、「共働」に励むトップに、事業目的は何かを問うてもキョトンとしてしまう傾向がある。

　一方で、「協働」は、トップの役割と従業員の役割を分けるだけでなく、それぞれがそれぞれの立場から、協力し合って働く、という概念である。したがって、それぞれが「マネジメントできる」ことが前提となるのである。そこに、トップ層から下部への MTP の浸透が必須だという意味がある。

　同じ業界で、同じ規模で、同じような業態なのに、業績が大きく違うのは何故か。それは、マネジメント力で決まる、ということなのである。

1.5　だれと価値を共創するのか

（1）働く人

　企業組織におけるマネジメントとは、組織の目的・目標達成のため、ということであった。よって、ここに、管理職も含む「従業員」との「共創」は、自動的に当然のこと、といえる。もちろん、これには「トップだけでなく役員全員の合意」という前提がある。

　わが国には、労働三法（労働基準法、労働関係調整法、労働組合法）があるので、企業には少なくとも3種類の役割の人がいる。経営陣、管理職、一般職（労働組合員）だ。また、「非正規」という層もこれに加わってきているし、「パートナー企業」の存在も大きくなってきた。

　たとえば、宿泊業でいえば、「大手企業」で、「主力商品たる客室」の清掃業務を外部「パートナー企業」に委託するのが常識となっている。これを「清掃

業務」として委託するのか、それとも、「商品の（再）生産業務」として捉えるのかは、「コスト」なのか「品質」なのかで議論のあるところだろう[注22]。もし、「品質」に重きを置くなら、どのような方式（方法）が望ましいのか、という問題になる。つまり、「品質管理＝向上」には、「価値共創」の概念が欠かせないのである。たとえ社員の業務として「内製化」をしたとしても、その職場の社員たちが「共創」の意識に欠けていれば、「品質」の議論は成りたたなくなって、機械的な「命令」や「明示＝業務指示（書）」で済ますしかない。「価値共創」とは、簡単にいえば、「一体感に満ちている状態」のことである。

　コロナ禍による1年半で、さまざまな「価値観」や「常識」が覆ってしまったから、ポスト・コロナにおいて最初に確認すべきは、自らの「存在意義」になった。企業の存在意義だけでなく経営者の存在意義を経営者が自ら考え、管理職の存在意義を管理職が自ら考える。当然に、一般社員も個人で、そして労働組合も自らの組織についての存在意義を考える必要に迫られる。これは、科学的アプローチ[注23]としての基本中の基本、「事実について確認すること」と等しいからである。

　この「考え」が、どのように統合され、あるいは対立するのか。この思考過程でのわからないというギャップの発見で、経営者と働く人との間に、新しい折り合い（同意）が生まれる可能性はある。形式的には、雇用制度のなかの話にはなるだろうが、「一体感」の再構築に失敗したなら、存続さえも危ぶまれることになる。すると、注目に値するのは、「創業の精神」に遡った、事実の確認となるだろう。

（2）購入する人

　「組織」における「枠」をどこに線引きするのか、という議論は滅多に行われない。「自社」という「枠」が、あらかじめ決まっているので、「社内」と「社外」は、明確かつ厳密にあると思い込むものだ。それで、社内や自社を、時には同じ社内でも他部署との区別として、「うちでは」という言い方が一般的になって、日本的ローカルな「言語行動パターン」を形成している[注24]。では、お客様はどうなのか。

　前述した『厚黒学』の発想法によれば、真剣勝負を余儀なくされる人的サービス業にあって「お客様」は、まごうことなき「敵（かたき）」であろう。ある意味、

「いかにして騙くらかすか」は、一種、サービスの王道でもある。

　この「騙くらかす」には、その場の機転という意味もあるが、あらかじめ準備しておかないと「気の利いたこと」はできないので、演劇でいえば「脚本」と「演出」それに「演技」が揃っている状態で、舞台は「現場」となる。すると、「お客様」はどこにいるのか。

　「観客」でもあるが、より演者にとっての「相方」に近い。本物の舞台でも、その日によって出来が違うのは、観客の反応の違いということもある。そして、サービス現場での「お客様」は、アドリブで劇に参加している、ともいえるのである。また、「お客様」は、遠目から状況を眺めていて、「雰囲気」を味わっていながら、ぼんやりと「評価」していることもある。「あの場に入りこみたい」「いたたまれない」などのイメージによる評価は、その後の「顧客化」に重要な前提となる印象になる。このときのお客様は「観客」になっているのである。

　さて、サービス提供者を「演者」としたときの、「相方」として劇中に登場する「お客様」とは何者か。これを、近代経営学の祖のひとり、バーナードは「顧客の協働」と定めたのだった[注25]。「お客様が良いホテルをつくる」とは、このことをいう。

　顧客は自社の組織に組みこむ、という発想が「共創」の核心なのである。

　よくある、単に、顧客カードを発行したり、「会員」としてのメンバーシップに入会させることではなくて、経営の一画に参画させる、という意味である。そして、このことが、「働く人」にも刺激を与え、さらに三位一体（経営、従業員、お客様）となって、その企業の価値を「共創」させる原動力となる。

　もっとも成功している事例が、地元函館で圧倒的人気とシェアを確立し世界大手を駆逐したハンバーガーショップの「ラッキーピエロ」だ[注26]。この店には「サーカス団」という想定の「顧客会員制度」があって、利用金額に応じて4階層になっている。利用者はこの階層を昇格することによって還元ポイントに差がつく仕組みになっている。されど、ここ

函館のハンバーガーショップ
「ラッキーピエロ」

からがユニークで、最上位階層の「スーパースター団員」になると、新商品開発での招待試食会を通じて市場投入決定権を得たり、店長人事や新規採用、あるいは会社の経営戦略にも関与するのである。

ここにある企業としての「経営思想」は、地域との運命共同体だという決心であって、函館市民の圧倒的支持を得たばかりか、「市民の誇り」にまで昇華している。したがって、「スーパースター団員」になることは、単なる消費者であることやその企業のファンを超えて、市民としての「ステイタス」にもなっているのだ。すると、この会社で「働くことの意味」も特別なことになる。まさに、「三位一体」の「共創」の実現事例なのである。

ここで、本章で論じた、大きな視点の「人間」や「産業」、あるいは「職業倫理」について振り返りたい。消費者としてのお客様は、「人間」であって、それぞれが「産業」に属し、「職業倫理」を持っていることを前提にしなければならないことに、改めて気づかされる。お客様のほとんどが「職業人」なのである。

たとえば、自社の顧客が「製造業の中小企業経営者（いわゆる、「町工場のオヤジ」）ばかりだ」と嘆く、人的サービス業でも「高級」を自負している経営者や幹部の自嘲気味な発言をよく耳にする。しかし、相手が、MTP や TWI の訓練を受けた、あるいは、企業としてこれらに取り組んでいることを「知らない」だろう。この人たちは、自然と「人の行動や心理」を分析する「目」を養っているから、実は彼らは人的サービス業を客として利用しながら、その中身の仕組みなどをしっかり「観察」している。筆者は、工業会などの会合で、そうした「観察」からの手厳しい感想を何度も聞かされたことがある。もっともわかりやすいのは、ホテルのロビーやレストランにおける、「ムダな人員配置」とか、人によって違う「対応のムラ」を指摘しながら、「あれじゃ赤字だろう」とか、「標準化」ができない理由をあれこれ想像しているのである。

個人なら、たとえば、2021 年 7 月、経営コンサルタントでユーチューバーでも知られる、さかうえひとし（坂上仁志）氏が自ら体験した、日本航空の「沖縄→羽田便でのマスク着用強制の出来事」を動画アップ[注27] して、日本航空の社長などに対しての返答および賠償（他社便での運賃）を求めながら、一般には議論を提起している[注28]。氏のチャンネル登録者は、およそ 7 万 5,000 人以上で、執筆時点での視聴回数は 4 万回を超え、主に賛同の意思表明でもある「公開コメント」は 980 件を超える。さらに、「いいね」は 5,000 以

上（対する「低評価」はゼロ）になっている[注29]。

　職業人としての氏は、「ランチェスター戦略」の専門家として、多数の著作もあるコンサルタントである。そもそも、第一次世界大戦で、人類史上初めて投入された新兵器のなかでも、航空機（戦闘機）の空中戦による損害状況の分析をして、ある法則を発見したのがランチェスター氏であったから、彼の名前をつけたものだ。この法則を、ビジネスにおける経営戦略に対応させたものである。

　したがって、日本航空としては「一般人」を相手にしている感覚かもしれないが、ただならぬ人物を相手にすることになったのである。

　このことは、人的サービス業で自虐的にいわれる「我が社の顧客は中小企業経営者ばかりだ」という嘆きにも似ている。このような発言をする経営者こそ、中小企業の実力に無知なばかりか、製造企業の合理的思考が身にしみている人の目線から、自社サービスがどのように評価されているかもわからないものなのである。そこには、相手を見下すという思考が働いている。

　さかうえ氏は、経営破たん後の日本航空再建にあたって設立された「応援団」として、同社経営幹部との親交も厚かったというから、この「事件」には、「社友」としての「顧客管理」という目線で考えれば、「運輸サービス企業」としてのサービス体制に重大な欠陥があると指摘せざるを得ない。ラッキーピエロとの比較がわかりやすい。詳しくは、「注」に挙げた氏の動画を直接ご覧頂ければと思う。なお、氏の論法はいつものように、「教科書」のような「論理展開」（「事実」と「感想・意見」を分ける）を旨としているので、単なる「クレーマー」とは言えない。よしんば、「クレーマー」だとしたら、これまでの当該航空会社への貢献をどうやって説明するのか。まさか、「有り難迷惑」とはなるまい。であればこそ、会社は、再建の要であった「稲盛経営哲学」[注30]を裏切ることになってしまうのである。

　この「事件」は、国内線において「マスク着用をしない自由」と「協力を求める運航側」という、社会的には微妙な問題が原点にあるので賛否の議論を呼んだ。ただ、航空会社が「マスク警察」になった例なのである。なお、氏が帰京にあたって急遽別途チケットを購入した全日空は、「氏が求める同条件」で搭乗を認めている。

　顧客以上の顧客（重要顧客）を裏切った場合に、もはや個人の発信力も無視できない時代になったし、氏のような企業にとっての「ファン」にあたる人物

の顧客データが活用できないのは、データベースそのものの欠陥が想像できる。また、「日本航空社員」を名乗る人物（名刺は関係会社）が、「氏を罰する権限があることを主張」していることの「傲慢さ」は、どこからやってくるのかを「推察」すれば、自己の個人としての立ち位置と、社会人としての立ち位置の混乱が見られることからも、こうしたことを許す「企業体質」がよほどの問題として認識できる。何しろ、氏は搭乗にあたって、機内でチーフパーサー、そして機長にもマスクを着用しないことの「承諾」の確認を得ていたのに、その機内で「地上職」の人物によって拒否通告されたからである。

つまり、「相手の身になって考えれば」、利用者と提供者側のそれぞれの論理（本件の場合は最終的に「正義」）が激突する世の中になっている、ということの確認なのである。もちろん、「提供者」そのものである「経営者」も、「働く人」も同様の土俵にいることも理解できるだろう。すなわち、利用者・提供者の経営者・働く人という、「三位一体」が崩壊の危機に追い込まれているという本質的意味があるのである。しかも、これは、労使の問題ではない。

すると、三位一体として利用者をしていかなる「組織化」を図るのかが、次のテーマとなってくる。それが、事業の「根本的見直し」を必要とする根拠なのである。従来と違う結果を出したいのなら、従来と同じ方法では不可能である。

前述のさかうえ氏が指摘している問題も、経営破たん後の日本航空が、企業外部に「経営再建応援団」を作ったことの意味が、組織内部に浸透していなかったことを示すのである。それは、バーナード流の顧客も組織に内包させる「三位一体」として作ったはずで、内部組織と同様に取り込むべきものなのに、やはり急ごしらえで、旧態依然とした体質の企業内には、仕組み（システム）として馴染まなかった残念な事象といえるだろう。もっといえば、企業目的実現のための対応が、企業内部の無理解によって台無しになった事例なのだ。

さほどに、言うは易く行うは難しなのである。

どこで、従来路線と分岐させるのかは、鉄道線路の引き替え工事を想像すればよい。「基礎」からやり直す。これが、もっとも安全で、最短の方法だ。企業活動も同じなのである。結果的に、見た目の「応援団」になってしまったのは、なるほど鉄道会社ではなく、線路を引き直すという概念がない、空を飛んでしまう航空会社ゆえのことなのか。

　当事者でない者にも、氏の無念が伝わるのは、企業にとっては、もはや「最悪」ともいえる、「協働」と「共創」の失敗事例だからである。このことは、崇高なるトップがいても、その意向を理解し消化できる組織と組織人がいないと成立しないことを示している。それが、本章で取り上げた「人間理解」の重要性なのだ。

　「協働」も「共創」も、人間が行うものだからである。

【注】

1) 青木昌城『「おもてなし」依存が会社をダメにする─観光・ホテル・旅館業もための情報産業論』（文眞堂、2015年）、p.105。経営学の祖、チェスター・バーナードは、「組織の定義」を、「二人以上の人々の意識的に調整された活動、または、諸力のシステム」としている。

2) シーザー・ミラン、メリッサ・ジョーペルティエ、片山奈緒美訳『あなたの犬は幸せですか』（講談社、2006年）。アメリカでカリスマと称されるドッグトレーナーで、世界に影響力を与えている。日本では、北村紋義『どんな咬み犬でもしあわせになれる』（KADOKAWA、2021年）の「帯」に糸井重里氏が推薦文を書いた「犬の話なんだけど、ずうっと人間の話を読んでいるようだった」が印象的。

3) 前掲、青木。p.165。「健康生成論」（アーロン・アントノフスキー、山崎喜比古、吉井清子訳『健康の謎を解く（ストレス対処と健康保持のメカニズム)』、（有信堂高文社、2001年）参照。

4) 李宗吾、葉室早男生訳『厚黒学』五月書房、1988年。同、尾鷲卓彦訳『厚黒学（厚かましくかつ腹黒く生きよ)』（徳間書店、1998年）などがある。後者には、著者李宗吾が「是非とも読んで欲しい」といった「心理と力学」も収録されている。

5) 著者の李宗吾が「科挙合格者」であったことを思いだせば、彼が「四書五経」（「四書」は『論語』『大学』『中庸』『孟子』、「五経」とは『易経』『詩経』『書経』『礼記』『春秋』）に通じていたことは明確である。彼の『厚黒学』を「パロディー」だと評せた人たちも「読書人（学者や教養人)」であった証拠である。

6) 前掲、青木、p.53。「6次産業＝1次（産業）＋2次（産業）＋3次（産業）」、なお、足し算でなくて「掛け算」であってもよい。

7) 宇野常弘『日本文化の論点』（ちくま新書1001、2013年）、p.12。哲学者國分功一郎の言葉。

8) 前掲、宇野、p.16。「序章」における本著者のテーマについての記述であるが、発行年が2013年であることから、この間のたった数年で、時代はさらなる変化をしている。

9) 島川崇、神田達哉、青木昌城、永井恵一『ケースで読み解く　デジタル変革時代のツーリズム』（ミネルヴァ書房、2020年）、第6章。

10) プロジェクトの特性には、「期限がある」ことがある。いつからいつまでと限定された期間を「プロジェクト」というので、その都度の対応が「合理的」とされ、「専門家」を社外から招聘することが、一般化してきている。

11) 古い例を挙げれば、朝倉克己『近江絹糸「人権争議」はなぜ起きたか』（サンライズ出版、2012年）が、いまや「先進的事例」として参考になる。ちなみに、社名を改めた「オーミケンシ」は、2020年5月13日の取締役会で、創業以来の繊維事業を「不採算」として完全撤退を決議した。

12) ファーストリテイリング社（主たるブランド名「ユニクロ」）のシャツが、2021年5月10日、同年1月に米税関・国境警備局（CBP）により、ロサンゼルス港で輸入を差し止められていたことが発覚し報道された。また、同社に関して、7月1日フランス検察が、現地法人を「人道に対する罪」の疑いで捜査を開始した。

13) 前掲、青木、p.53。梅棹忠夫『教徒の精神』（角川書店、1987年）、p.29。

14) 『昭和43年度運輸白書』「第3節　国民の海外渡航の状況」に、「昭和39年4月1日以降は観光渡航も年1回500ドルまでの外貨持ち出しが自由になった。さらに43年1月1日以降は、「一人年間一回かぎり」という回数制限も撤廃され，1回500ドル以内であれば自由に渡航できることとなった」とある。https://www.mlit.go.jp/hakusyo/transport/shouwa43/ind120 403/frame.html（2021年7月9日最終閲覧）

15) 1985年の「プラザ合意」による円高によって、同じ路線でも為替上安くなった海外から航空券の「輸入」が始まったことが「格安航空券」の始まりである。

16) 東浩紀『ゲンロン0　観光客の哲学』（株式会社ゲンロン、2017年）、p.174。「哲学は観光について考えるべき」と記しながら、「観光の定義の難しさ」を挙げている。

17) ジョン・アーリ、ヨーナス・ラースン、加太宏邦訳『観光のまなざし』（法政大学出版局、増補改訂版、2014年）第一章観光理論参照。

18) 岡田温司『グランドツアー——18世紀イタリアの旅—』（岩波新書1267、2010），本城靖久『グランドツアー』（中公新書688、1983年）。英国貴族の「修学旅行」のことである。

19) 前掲、ジョン・アーリ、ヨーナス・ラースン、p6。

20) 村上陽一郎『科学の現在を問う』（講談社現代新書1500、2000年）。第二章技術と安全、p.56。1999年に起きたJCOでの「臨界事故」は、わが国における「核事故」で初の死傷者を出してしまった。しかし、この事故は、臨界の危険性がある濃縮ウランを「バケツで運んだ」ことで有名になったのである。村上博士は、これを「マネジメント力」に原因を求めている。

21) 前掲、島川、神田、青木、永井、第7章参照のこと。

22) 前掲、青木、p.138。「2－6　マニュアルの悲劇」を参照されたい。

23) MTPでいう「科学的アプローチ」とは、次の6つの順で問題に対処することを指す。
1.目的を明らかにする、2.事実をつかむ、3.事実について考える、4.実施方法を決め

る、5. 実施する、6. 確かめる。手戻りが発生したり、途中で自己目的化するなどの問題が発生し、当初の問題解決が困難になる原因として、例えば、上記 4. と 5. だけが「実務」だと勘違いすることによって生じ、更に、6. を省くことで深刻化する。

24）三宅和子『日本人の言語行動パターン―ウチ・ソト・ヨソ意識―』、https://tsukuba. repo.nii.ac.jp/?action=repository_uri&item_id=6191&file_id=17&file_no=1（2021 年 7 月 12 日最終閲覧）

25）前掲、青木、p.109。

26）前掲、青木、p.113。創業者である、王一郎『B 級グルメ地域 No.1』（商業会、2012 年）が参考になる。

27）https://www.youtube.com/watch?v=LjyQnif6eBA（2021 年 7 月 20 日最終閲覧）。さかうえひとし（坂上仁志）氏は、『ちいさな会社こそが No.1 になる　ランチェスター経営戦略』（アスカ出版社、2009 年）など、多数の著作がある、経営戦略の専門家であり、稲盛和夫氏による日本航空再建にあたっては「応援団」としても活躍された。

　　なお、本エピソードの記載について、さかうえ氏ご本人からの承諾を得るに当たって、「ニコニコ動画」での情報について提供して頂いたので是非参照されたい。(https:// ch.nicovideo.jp/sakauejj)

28）その後、8 月 19 日に「続き」の動画がアップされた。ここで、日本航空からの手紙をさかうえ氏が受けとったその内容についての報告があった。氏によると手紙には、本件についての謝罪はなく、誓約書の提出を求めている。誓約書の内容とは、「今後搭乗時にマスクを着用いたします」ということであって、これを書かなければ今後一切 JAL 及び JAL グループの飛行機には乗せない、というものだった。公共の交通機関としていかがかという問題は、「私憤」から「公憤」へとなり、社会問題へとなってきている。https:// www.youtube.com/watch?v=BucDfKNzZNk（2021 年 8 月 23 日最終閲覧）

29）注 26「最終閲覧日」参照。

30）稲盛和夫氏は、京セラ創業者としての実績を超えて、いまや「稲盛学」の「経営哲学者」として信頼される、現代わが国を代表する経済人である。『稲盛塾』塾長を自ら務め、後進の育成に励んでいる。著書の多数がどれもベストセラーとなっており、世界累計 1,000 万部を超える。

第2章　サービスと価値共創

　本章では、ツーリズムにおける「サービス」という概念に着目し、事業者と顧客とによる価値共創志向との関連について検討する。サービスや価値といった言葉は、あらゆる主体によってさまざまなシーンで頻繁に用いられている。しかしながら、その意味はそれぞれのコミュニティの中で解釈が委ねられつくり上げられており、企業の場合、それは外部の理解を伴わない「社内用語化」している状態にあると考えられる。真の理解から遠く外れた場所で共創について思索したところで、顧客に正対してもらうのは困難といえよう。ツーリズムの実務に対するそのような危惧から、標題に関わる所懐を示していきたい。

2.1　ツーリズムにおけるサービス

（1）サービス財の特性

　サービスを論じるにあたって、その特徴を Parasuraman, Zeithaml and Berry（1985）による分類を参照することから始めたい。サービス財とモノとしての物財との差異を4つの観点で表しており、それぞれの頭文字をとって IHIP 特性とされる。

①　無 形 性（Intangibility）

　サービスには実体が存在しないので、モノのように見たり触ったりすることが難しいという性質を表す。たとえば、ヘアサロンの美容サービスなどが該当する。美容院では、ヘアカットやカラーリング、ヘッドスパといったサービスが展開されるが、それぞれ決まった型が存在するわけではない。そのため、顧客は購入前にその品質を評価することが非常に困難であるという特徴がある。ただ、美容師が使用するハサミやスタイリング剤、店内に据えられている鏡台やシャンプー台などは有形である。そのため、サービスを展開するプロセスにおいて、そうした有形要素を補助的、効果的に活用すれば、顧客の不安を緩和する可能性を高めることが可能となる。

　「顧客と提供サービスとの出会い」[注1]を意味するサービス・エンカウンターにおいて、提供されるサービスがどのようなものであるかを明示・暗示するフィジカル・エビデンス（物的証拠）を、顧客はサービスについての期待の形成やサービスの評価に際して手がかりにしていることがある[注2]。サービスを

無形性 (Intangibility)	異質性 (Heterogeneity)
●物理的実体が無い ●見たり触ったりすることが困難	●常に同一のサービスは提供不可 ●顧客の知覚は変動する
購入前の品質評価が極めて困難 ▼	サービスの品質管理が課題 ▼
フィジカル・エビデンス（品質の手がかり）による提供プロセスの可視化で、顧客の期待を形成する工夫が必要。	「サービスの工業化」によって変動性をなるべく排除し、標準化し反復に耐えることを目的とした品質管理が必要。
不可分性 (Inseparability)	消滅性 (Perishability)
●生産、デリバリー、消費が同時 ●顧客はサービスの共同生産者	●事前生産、在庫が不可 ●再販売できない
顧客の役割を明確にする必要 ▼	受給のマッチングが困難 ▼
教育を通じて筋書きを設計し、顧客が適切な役割を果たすことができるか否かが、顧客の満足／不満足を決定づける。	顧客が必要とする時や必要な場所を考慮した、物理的なサービス・ファクトリーによる課題対応が必要。

図2.1　IHIP特性
（出所：Parasuraman et al.（1985）をもとに筆者作成）

提案する側はそのことに留意し、必要な工夫が求められる。

②　異 質 性（Heterogeneity）

　変動性とも表現される。提供されるサービスの内容は常に同一のものとはならず、品質が変動することがあるという性質を表している。たとえば、利用客の要望に応えたり、悩みを解決したりする役割を担うホテルのコンシェルジュ。近隣施設の道案内というサービスを提案するにしても、ベテランか新人かでその内容は異なる可能性がある。案内に活用するフィジカル・エビデンスにも違いがあるかもしれない。他方、顧客の抱えるニーズも多岐にわたるため、近所のお勧めのラーメン店について尋ねられたときに、その顧客の特性をもとに嗜好を推理して助言するがゆえに、内容には幅が存在する可能性がある。また、たとえ同一のサービスが供給されたとしても、サービスの受け手の側が各自さまざまに感じ取り、同一の評価をしないことも多い[注3]。

　そこでサービスを提案する側に求められるのが、サービスの品質管理だ。

Levitt（1976）が「サービスの工業化」と表現したサービス提供のマニュアル化や、人的要素をなるべく排除したサービス提供の機械化や自動化を通じた施策が挙げられる。ただし、小宮路（2012）はサービスの変動がもともと期待されている場合もあることに留意すべきとしている。毎回同一の標準化内容が期待されているわけではない例として、ライブハウスの演奏やスポーツの試合を挙げたうえで、良い意味で顧客の期待を裏切る変動こそがサービスの価値を生み出していることもあるとし、「サービスの変動性を促進し、毎回異なるようにすることを目的とした品質管理」も存在すると示した。

③ 不可分性（Inseparability）

同時性とも表現される。サービスを生産し、届け、消費されるのは基本的に同時であり、一般的にそれらの段階を区分することはできないという性質である。物財における、生産、流通、消費の分離性が存在しないことは、つまりサービスを受ける役割を担う顧客がサービスの生産や提供プロセスに参加しているという特徴を示唆している。たとえば、医療サービスの提供にあたって医療行為自体は医師が行うものの、主訴などに代表される情報提供はもちろんのこと、服薬、生活改善など顧客たる患者による「サービスへの参画」としての協力は不可欠といえる。ちなみに医師の井上（2020）は、患者の参画こそがチーム医療推進に不可欠だとしている。「病気を見て病人を診ない」と揶揄された患者不在の医療から、医療機関に対して、不当な要求をし医療業務を妨害するような「モンスター・ペイシェント」を生む「歪んだサービス向上」へと転換が進んだものの、「○×さま」から「○×さん」と患者の呼び方を親しみを込めて「さん」に変えることで「フラット」な関係が広がり始めた近年の状況を、患者が「参画」する素地が整ったとして歓迎している。

そのうえで、企業はサービスに参画する顧客の役割を明確にする必要がある。顧客が適切な役割を果たすことができるか否かが顧客満足に影響を与えることを理解し、そのための一種の「教育」を通じて「筋書き」を設計することが求められる。筆者の配偶者は根っからの音楽好きで、贔屓にするアーティストの全国ライブツアーとあれば各地のライブハウスへと飛び回っている。DVDやネット配信などの映像ソフトを鑑賞すればよいのではないかと思うが、聞くと一体感こそが魅力なのだという。ファン同士で掛け声をしたりリズムを刻んだり、アーティストとコール＆レスポンスするのがいいらしい。まさに、音楽ライブというサービスにおいて、顧客に適切な役割を担わせることで

満足してもらえていることを表している。加えて、近隣の会場にとどまらず地方へと足を運ぶのは、先に挙げた異質性を示唆する。東京、大阪、福岡では、アーティストのテンションも会場の雰囲気や客層もそれぞれ異なる。そんな特徴があるから面白いということなのかと、妻の行動を改めて解釈するに至った。

④　消滅性（Perishability）

サービスはどこかへ貯めておくことができないため、非貯蔵性ともされる。たとえば、ある日の新幹線「のぞみ」号最終の新大阪行の運送サービスは、唯一のものである。無形性で例示した美容サービスのヘアカットのように、髪を切り過ぎたからといって元に戻すことはできない。

サービスは多種多様であって定義付けるのは困難であるとされてきたという理論上の経緯がある[注4]。とはいえ、多様ななかにも IHIP とした共通の基本的な特性が見出されていることをおさえておきたい。

（2）　サービス・ドミナント・ロジック

前節で整理したサービス財は、その特徴をもって物財とは異なる存在として区分した財の一部として捉えられていたが、Vargo and Lusch（2004）以降は、サービスを中心にして捉える考え方がサービス研究における共通基盤となっている[注5]。従来のモノを中心に据えた考え方をグッズ・ドミナント・ロジック（G-D ロジック）とするのに対して、サービス・ドミナント・ロジック（S-D ロジック）と称される。ロジックという言葉が用いられているものの、論理とするよりもレンズを通して見るという解釈が望ましい。

G-D ロジックは従来のモノ中心的な考え方によるもので、製造された製品に焦点が置かれている。他方、S-D ロジックは世の中のあらゆる経済活動をサービスとして捉えるものであり、物財はモノを介して間接的に提案されるサービスのうちのひとつとされる。売り手と買い手の間で交換されるのは常にサービスであり、face to face による直接的な交換と、製品（グッズ）と貨幣を通じた間接的な交換に分類される。

別の観点でそれぞれについて整理する。G-D ロジックにおいては、ある商品が存在するときその商品自体に価値があるから、顧客はお金を払ってその価値を手に入れることとなる。モノに価値が含まれているから、モノを提供することが価値の提供となる考え方といえる。まずモノがあって、サービスはそれ

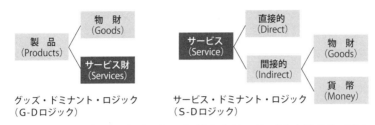

図 2.2　G-D ロジックにおけるサービス財と S-D ロジックにおけるサービス
(出所：瀬良（2021）をもとに筆者作成)

に付随する存在である。一方、S-D ロジックにおいては、図 2.2 に示したように サービスのなかに「直接的」と示したモノを伴わないものと、「間接的」と示したモノを伴うもの」とがある。つまり、モノにサービスが付いてくるのではない。価値というものは顧客がモノを使いこなすことによって生まれるのであり、モノのなかに価値は内在していない。モノは価値を提供するための道具にすぎないということを示す。自動車会社がモビリティサービス企業と標榜するのは、人の移動や物の運搬といった運送サービスを総合的に提案するなかに、自動車というモノが内在している。また、家電メーカーは、モノを全面に出すのではなく、IoT サービス提案企業として、たとえばそのなかにスマートフォンと連動するエアコンというモノを販売している。これらは S-D ロジックに基づく取り組みといえるだろう。

（3）顧客との価値共創

①　価値は提案するもの

　瀬良（2021）は S-D ロジックを考えるうえで大切な 4 つのポイントをまとめた（表 2.1）。ここで注目したいのがポイントの 2 点目「価値共創」についてである。価値は、企業と顧客が共同作業でつくったものを顧客が評価するものである。つまり、企業ができることは価値の提供ではなく、あくまで価値の提案に過ぎない。当たり前のように使われる価値提供という言葉には、ずれが含まれている可能性を確認することが肝要であることを示唆する。それでは、顧客とともに、どのようなサービスをつくりあげることが求められるのか。その背景に潜む問題点の指摘も含め以降で検討していきたい。

②　GoTo キャンペーンに伴う社会からの不信感

　顧客との共創を図るうえで、新型コロナウイルス感染症（以下、新型コロナ）

表 2.1　S-D ロジックのポイント

1	「サービスが交換の基本的基盤」	モノはサービス提供のための伝達手段（装置）として位置づけられる。すべての企業はサービス・ビジネスを行い、あらゆる経済がサービス経済であると考えられている。
2	「価値共創」顧客は常に価値の共創者である	企業側はあくまでも価値の提案だけであり、顧客が使用して知覚する中で価値が決定される。つまり、価値は、企業によって事前に作り出されたものではなく、取引後の顧客との共創によって事後創発的に作り出される。そのため、単なる価値の共同生産というよりも、顧客との相互作用を強調して、価値の共創を重視する。
3	「資源統合」企業と顧客を始めとするすべての行為者は、資源統合者である	オペランド資源（一般に静的。価値を提供するには行為が施される必要のある資源。物財として扱われる有形なモノ等）とオペラント資源（価値を創造するために他の資源に行為を施すことができ、資源を活性化するための資源。人間の知識とスキル等）の統合を通じて価値が共創される。S-D ロジックでは、オペラント資源が、競争優位の基本的な源泉となる。
4	「使用価値と文脈価値」事業者が単独で価値を創造することができない	S-D ロジックでは、交換価値に加えて、使用における価値や文脈価値という概念が使われる。これはサービス価値が、各顧客が使用するプロセスによって異なるし、顧客が置かれている文脈によっても価値が異なることを示している。つまり、使用における価値だけではなく、各顧客がサービスを利用する文脈における価値を考える。

（出所：瀬良（2021）をもとに筆者作成）

の流行は大きな障害となっている。BtoB においてオフライン領域のいわゆる MICE 事業を推進するうえでさまざまな影響を及ぼすことや、BtoC の販売現場における「3 密」を回避する接客が求められることはいうまでもない。それ以上に、外出自粛や渡航制限によって経営上の大きなダメージを負った観光産業の救済策「GoTo トラベル」が、感染拡大の原因と指摘されたり、税金の使途としての適切性が問われたりするなど、産業に対する社会からの不信が増したことは憂慮すべき状況といえる。

　筆者は旅行業界に 20 年間身を置く立場として、旅行業界がこれほどまでに良きに悪しきに注目された記憶を持ち合わせていない。就職活動をする学生に人気だと神輿を担がれる一方、生産性が低いとか斜陽ビジネスと揶揄されることが関の山であった[注6]。界隈でそれまでに注目されたインバウンド、地域活性、それに東京 2020 のいずれも、胸を張って業界が主導した事業であるなどといえる立場にはない。追随者に過ぎず、事実、イノベーターとして耳目を集めた事象を誰も挙げることはできない。弱く儚い立場だった。

　それが、「GoTo トラベル事務局出向社員に高額の日当[注7]」「業界団体と政権与党との密接な関係[注8]」などと週刊誌などでも取り上げられ、世間の批判を浴びた。観光に携わるあらゆる事業者を救済するとは名ばかりで、不振にあえぐ旅行会社大企業の単なる延命策との社会情報が広がった。そこには、当該キャンペーンを受託したツーリズム産業共同提案体が、予算比 400 億円減とはいえ 1,895 億円[注9] もの巨額の事務費を手中に収めたことについて、以前にも他[注10] で話題になった「中抜き」と指摘する声も重なった。これまで、世間に見下されることは頻繁にあったとしても、敵視されることは個別のクレームや愚かな不祥事を除けば一度もなかった。だが、業界全体にはこれまでに経験したことの無い強烈な逆風が吹くこととなった。増税議論が巻き起こったときのことを考えると、末恐ろしく感じる。

　早くから顧客共創をベースに据えた戦略を策定し、そのもとで戦術を遂行していたならば、こうはならなかったかもしれない。コロナによって業界が大きな損害を受けたというよりも、近年の特需という名のうわべが、すべて引っぺがされて、本質的に対応すべきことが明らかになっただけと捉える方が自然だ。旧来のビジネスモデルを見直す機会は何度でもあったはずで、そのときに対応していれば簡単な算数の問題を解く程度で収まっていた。いまや複雑な問題への対応が積み重なり、多くの変数を考慮せねばならない複雑な連立方程式を解かねばならない状況を招くこととなってしまった。新自由主義がのさばる以上、あらゆる分断が生まれるのは自明の理だ。口先だけで理想を語るのではなく、買い手に「任せたい」と思わせる信頼関係を構築するに至るためのヒントを早く探さなければならない。

③　オンラインを忌避してよいものなのか

　筆者が社会人大学院の修士課程で共に学んだ大学院生に、大手新聞社で広報業務を担う女性がいた。彼女の研究テーマは「既存の新聞はオンラインニュースサイトへ如何に対応すべきか」で、その論拠にソシオ・メディア論を採用した。それは、新しいメディアが出てきたときに既存メディアとの対立構造で捉えるものではない。また、単純な技術決定論を否定する。新たな情報技術によって社会や文化が変わったのではなく、ユーザーによる受け入れられた様（さま）で捉える歴史社会的なメディア論だ。実際、「画（え）の出るラジオ」としてテレビが登場してもラジオは駆逐されなかった。新しいメディアに対して自らの位置をずらすことで生き延びている。

　この思考をツーリズムに流用できないだろうか。「リアル店舗 vs オンライン販売」に二分する捉え方に対してである。リアル店舗の価値や位置付けが変わることは間違いないが、駆逐されることを前提とするのは早計と捉えられよう。そして、生き残り策が社会的文脈にどう埋め込まれるか。その検討が不十分なままに、提案価値をたとえば「販売員によるコンサルティング力」という曖昧な対象に求めるのはあまりにも牧歌的であろう。

④　独り善がりではいけない

　「顧客満足の追求」という言葉をよく目にするが、何が顧客のためであり、どうすることが満足につながるかを本気で考えてみたことはあるだろうか。それに、考えてみたところで、企業が良かれと判断したことが本当に顧客の望んでいたことだったのか、そのギャップの有無や大小を検証したことはあるだろうか。意識の乖離を放置すると、企業が提案する価値は相対的に沈下し、市場における存在意義はやがて消滅することなどいうに足りない。

　企業の独り善がりではなく、顧客の視点を理解し、社会の課題解決をも意識する。そのような「三方よし」の概念を現代版に置き換えたとも捉えられる、CSV（共有価値の創造）のフレームワークを Porter and Kramer（2011）が提唱してから 10 年が経過した。企業業績と社会性に正の相関があることを認識しているグローバル企業はいち早く取組みを進めているが、果たしてツーリズム産業ではどうだろう。ひと昔前には「観光立国推進の牽引役[注11]」「GDP を押し上げるポテンシャルを秘めた産業[注12]」と各界から持ち上げられようにも、社会を意識したイノベーションは道半ばの状況[注13]にあり、競争の厳しいレッドオーシャンを彷徨うことが容易に想定される計画や施策の散発にとどまっている。

　展開する事業の周辺環境がひとたび悪化すると如実に大きな影響を受け、不確実性とリスクを同じ土俵で評価したうえでの自助努力に頼るだけでは、所詮功を奏する水準までには至らず生き残りは危うい。時の経過が唯一の問題解決手段と捉えざるを得ない脆さの際立つ産業である手前、ステークホルダーを重視した力強いメッセージを発信する経営や事業推進を期待するのは土台無理なことなのかもしれない。

　このような状況下にあるため、いまだ企業として重要なステークホルダーたる顧客のことを把握しようとする態勢が整わない。記述式のアンケート調査に本音が揃っているはずがないにもかかわらず、それに頼りっきりになっている

との指摘を従業員対象の取材^(注14)で拾う機会が何度かあった。顧客の声を聞くことができていない。BtoB にせよ BtoC にせよ、営業担当者が顧客とさまざまな形式で接する機会に恵まれているにもかかわらず、それらを吸収し咀嚼する機能が圧倒的に乏しい。定量評価が不可能だからという声から遠ざかりながら、推奨度を計測する NPS（ネット・プロモーター・スコア）や上辺の調査結果の数字だけで顧客のニーズを措定するのは困難である。BtoC 領域を中心に消費者から敬遠されつつある状況が如実である点を鑑みると、独り善がりのレールを漫然と走り続けているとみるのが自然だろう。

　いつブレーキをかけられるのか。海外からやってきた黒船ファストファッションが次つぎと撤退するなか驚きの成長を見せた、ユニクロの妹分 GU を取り上げたテレビ番組を視聴する機会において気づきがあった。徹底的な顧客目線に基づく戦術、お客様満足はもちろん、店員も満足する商品の提供。オンライン専業旅行会社や IT 系プラットフォーマーといった黒船に対する国内旅行業の姿を重ね合わせてみる。

　さて、旅行会社の従業員は自社商品にそもそも満足しているのだろうか。疑問をひもとくにあたって、ツーリズムの企業内労組から受託したサービス連合情報総研による従業員意識調査^(注15)の結果がヒントとなる。「会社が提供する商品やサービスに魅力があるか」を訊ねたところ、肯定的な回答は全体の 6 割強にとどまることがわかった（図 2.3）。特定の集団を対象としているため業界全体に拡大して解釈するには注意が必要ではあるものの、4 割近くのスタッフが自社商品に愛着を持っていない企業が業界に存在する事実は注目に値する。

　「愛の反対は無関心」という言葉があるが、従業員に商品やサービスに対する愛着を抱かせることができないなら、企業はその提供先たる顧客への関心が希薄であるのは仕方がないのかと思いを巡らせざるを得ない。併せて考察したいのが、自社商品のお買い求めを提案する立場にありながら、コロナ禍直前の折に「売

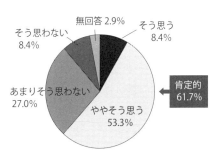

図 2.3　「会社が提供する商品やサービスに魅力がある」との回答割合

（出所：『週刊トラベルジャーナル』2020 年 3 月 9 日号、p17）

り方」や「売りモノ」といった表現を用いて戦術を練っていた[注16]企業が存在することである。意識は言葉遣いに表れる。百貨店の三越伊勢丹は、統合前の伊勢丹時代から「売り場」という呼び方を「お買い場」に改めて20年以上経過している。「商品ではなく、販売サービス面での差別化を図る[注17]」という狙いで導入されたとされ、対外的には露骨に表現したいものの内部の意識改革には大いに役立ったという。件の会社に企業姿勢を問いかけたくなるエピソードといえる。

⑤　経費削減による接点縮小

　コロナ禍を経て、大手各社は構造改革へと乗り出さざるを得なくなった。しかしながら、それぞれのプレスリリースを概観したところ、拠点数や社員数の削減に代表される経費面の改革が目を引く程度であり、事業そのものの改革で注目すべきポイントは限定的であったと捉える。中長期的な事業継続を模索する必要性に迫られるような緊張感を欠いているように筆者には思われ、中小と比して楽観ムードが漂うのは「行政による損失補填」ともいえる目先の特需[注18]による恩恵がなせる業といったところだろうか。何年この状況が続くのかはわからないが、コストカットで耐え忍ぼうという考えと受け止める。需要が爆発的に回復しない限り体力の無いプレイヤーから退場を余儀なくされ、環境に適応できないレガシーは辛酸をなめることになるのは自明の理と推し量る。

　労働集約型産業ながらかつてない規模[注19]で「人」に手を付けるのだから、これまでに存在していた聖域は瓦解したといえよう。ただ、その「人」の「色」が以前と比べて変化しているかもしれない……。代理業を同じくする広告代理店の雄たる大企業を数年前に退社した悪友と、そのようなことを語り合う機会が先日あった。本業や会社そのものから離れてみたり産業を俯瞰で眺めてみたりする立場になると、古巣を見るときにこれまでとその景色は違って見えるものだ。「いまのD社が、もはや以前のD社ではなくなってしまった」。そんな話から盛り上がりをみせた。どうにも、目の前の仕事を要領よく片付けられるという意味で優秀な社員は圧倒的に増えたらしい。ただ、大きな絵を描ける人がいなくなった。戦略を立てる「軍師」たるストラテジストが不在なのだという。

　情報の非対称性が存在していたのは旅行業と同じで、広告業においても知識やノウハウがクライアントに勝っていることで過去には有意性が確かにあった。それに上乗せするかたちで、手掛けるビジネスにおいてはクライアントの

期待を上回る水準でプロダクトのコンセプトを表現し、企業の存在意義や社会的なメッセージを提供できる立場にあったという。しかしながら、各分野に専門特化した集団の存在感が増すことで、いまではそうした各界のプロフェッショナルのとりまとめに終始するプロジェクトにしか関与できなくなったそうだ。専門性を磨くには相当の知識量が求められる。他方、大きな絵を描くにはそれ以上の教養やクリエイティビティが求められる。いまはそれが不足している。彼の嘆きを要約するとそのような感じだった。

つまりは、消費者の代理という立場でソリューションを提供することが業務であるので、大きな絵を整える必要性はない。取引先を重視することに基づく課題解決型営業として広告代理業を推進し続けてきたことによって、大きな絵を描くような業務に恵まれることはなく、それを経験する人は減り、ノウハウが蓄積されることもなくなった。代理業における思考が矮小化しているということだろう。

矮小化というレンズを通して旅行業に目を移すとき、やはりサービスという概念が小さく、それでいて低次に収まっているように感じられる。いまだ旅行商品をモノとして顧客に提供する G–D ロジックを前提とし、前述したとおり消費者を販売のターゲットとしか位置付けていないのではないだろうか。顧客との双方向的、共同作業的な価値共創に基づく取組みがチャネルを問わず欠落していて、インタラクションの存在感が乏しい。

コロナ禍を経た経費構造改革によって「人」を伴う顧客接点は減少する。距離の近さが損なわれ、価値共創が育まれる可能性のあるシーンはどんどん失われていくだろう。そうした聖域が侵されていくなか、高い壁を備えた狭い箱庭でその日暮らしを繰り返すだけでよいものだろうか。旅行業とは夢や希望というものを見させ、感じさせる存在として、社会の中で大きなコンテクスト（文脈）を作ることのできる主体だったはずである。航空会社や鉄道会社、宿泊施設に飲食・土産店といった専門特化した業種と比して、とりまとめ役ともいえる旅行業に対する政府からの優遇策が過ぎるとの指摘[注20]がみられるようになってきた。存在意義が問われている。個社にどれほどのストラテジストが存在しているかは不明だ。ただ、どこにも取って代わられることのない大きな絵を描ける存在へと再び昇華する必要があるのではないだろうか。あのとき良いレガシーを残してくれたと後世の人から語り継がれるようなアウトプットがいま求められる。削ることに執心せず生み出すことに力を傾けたい。

⑥　ライフステージを意識した接点確保

　第 5 章で旅行会社のリアル店舗の「ニーズ」について述べるが、低迷する消費者の訪問意向のなかで、20 代、30 代の女性においては他世代と比してリアル店舗の「ニーズ」は高い。それは、ブライダル需要と措定した。コロナ禍前の海外挙式やハネムーンについては、「旅のプロ」を介在することが得策と捉えられていたのだろう。では、なぜその後も継続利用する意思が残存しないのか。旅行会社側が「売ること」ではなく「契約を継続してもらうこと」を目標とする思考や仕組みが存在していないか、たとえ存在していたとしても、それらが消費者にとってはともに価値を育む主体としては不十分と捉えていると受け止めるのが妥当だ。

　旅行業と同様に「オンライン専業との競争に苛烈を極める」産業の例として、音楽やソフトウェア、書籍、それにアパレルが挙げられる。それらの業界においては、商品ごとに購入して料金を支払うのではなく、一定期間の使用料として一定料金を支払う方式のサブスクリプションモデルを導入している企業が散見される。モノの所有から使用へと価値をスライドさせ、その価値に課金する形態を採用している。「聴き放題」や「読み放題」といった価値提案は、飲食業界での月額制サービスへと派生をみせた。

　飲食業が月額制サービスを導入する目的は、目先の利益ではなくお客さまとの接点を増やすことであり、感謝や顧客還元の思いから実践しているのだという[注21]。消費の促進が困難な時代に、これまでとはまったく異なる関係を消費者と結ぼうとしているわけだ。すでに宿泊業では期間内は宿泊し放題などのモデルが誕生している[注22]。こうした「有限期間の使用許可」といったスタイルをツーリズムに構築できないものか。

　旅行会社がサブスクリプション＝サブスクを展開するにあたっては、先行する業態のように月単位のレンジではなく、数年といった幅を意識した有限期間を設定する必要があることはいうに及ばない。そこで対象としたいのが、ポスト・コロナを見据えたうえでの、先に述べたブライダル需要だ。たとえば、海外挙式を計画する女性を顧客に据える。ウエディングそのものに加え、その前後のイベントを包括して、それぞれのタイミングで好みの商品を選択可能とする使用許可を与える仕組みを検討した。まず、結婚する女性を囲むバチェロレッテパーティーを旅行の形態へと昇華した、米国版「女子会」を楽しんでもらう。選択肢には、近くの豪華ホテルでの滞在や温泉旅行、普段体験できない

ことをラインナップしておこう。やがて、海外ウエディングと現地での滞在を終えた後は、国内での結婚披露パーティーを斡旋する。現地挙式に参加できなかった親族や知人のために、旅をプレゼントする選択を付加するのも一考だ。そして、結婚1周年にあたる「紙婚式」を祝福するイベントのお手伝いでひと段落とする。

　ライフステージに沿った段階的「やり放題」の企画を、もちろんさまざまな基準を段階ごとに設定しながらもひとまとめにして提供する形態は、旅行会社にとって多分にメリットがあると考える。顧客はリアル店舗を訪問する機会が高まり、店舗側も販売員や販売会社へのロイヤルティが向上する可能性がアップする。もしここで顧客からいい印象を得られれば、その後の家族旅行でも利用される可能性は高い。加えて、「それなりの」キャッシュが事前に入ることは好都合ではないだろうか。消費者がサービスを消費する前に対価としての料金を収受することが当たり前とされていた旅行業界。後払い決済はEC（電子商取引）の普及に伴って、旅行分野を含めあらゆる分野へ拡大しつつある[注23]。商慣習の変化で、キャッシュの捉え方が変容することにも留意が必要といえる。

　「ニーズ」に応えられるきっかけが先の措定どおりに顕在化しているならば、それをフックとして囲い込み続けることのできる施策の種が市場外に存在している状況は見逃すことができない。「イノベーションのジレンマ」に陥っている業種は、革新的な成功の体験が過去に存在しているだけまだよい。本質から外れた場所で矮小化した課題の改善や改良を繰りかえすだけでは市場との距離を狭めるのは容易ではない。従来型のビジネスモデルに固執せず、常識を覆す手法で市場を掘り起こす仕掛けや組合せの妙を踏まえて、アウトプットできる思考が求められる。真にお客さまに寄り添い続けることのできるサービスの具現化は不可欠だ。

⑦　人となりを理解してもらう

　旅行業においても近年オンライン接客の導入が広がるなか、コロナ禍以前よりアパレルやコスメ、家具の販売員は、ネットを介して個々の消費者とのつながりを深めている。「この店だから買う」のではなく、「この人のお薦めなら買う」。こうしたパーソン・トゥ・コンシューマー（PtoC）の流れを無視することはできなくなった。無数の競合がネット上に存在するなかで、「この人のお薦めなら買おう」と思ってもらえる重要性がこれまで以上に高まると見込まれ

る。

　これらの背景に存在するのは、企業による知覚リスクの緩和に他ならない。知覚リスクとは、企業が提供するプロダクトの購入にあたって消費者が感じる不安や懸念にあたる。企業がそれらを緩和させるためには、何より顧客との信頼感を醸成することが必須となる。何らかの「代替物」を通じてそのサービス提供者から財を購買しても大丈夫、との確信を抱かせる必要がある。

　消費者とのインタラクションを踏まえたネットワーク構築にあたっては、第6章で記すネットサービス「STAFF START」の取組みは示唆を与える。販売員のストーリーやバックボーンへの共感が有意な「代替物」として機能している。サービスを活用するアパレル企業の従業員たちの「インスタグラム」のフォロワー数は、多い人で数万人におよぶ。SNSのフォロワー数が10万人未満の一般の人を、「マイクロインフルエンサー[注24]」と呼ぶが、彼ら彼女たちは、ある特定の分野に強い[注25]ことが多い。たとえば美容ならば、ヘアカラー全般ではなくバレイヤージュ（髪の表面にほうきを掃くようにカラーを塗る）の得意な美容師に注目が集まる。消費者のこだわりが強くなるにつれ、自分の関心のある分野について狭く深く掘り下げるようになったからだという。大手百貨店の販売員についても、5号以下または13号以上の女性の服の知識やコーディネートに強い傾向がある。

　旅行業のBtoC事業における販売員には、幅広い知識が求められることは言うまでもない。一方、それぞれに得意分野や関心の強い領域が異なることも事実だ。業界団体はエリアやテーマ別のスペシャリストを養成する仕組み[注26]を整え、販売員が自身の有する能力として名刺代わりに認定者であることを示すという現実もある。スタッフ自らの強みを背景に、自身のセンスや「生活レシピ」を効果的に表現することで「人となり」を理解してもらう。「人」が存在する意義はそうした点にシフトしている。顧客と向き合う新しいカタチが検討されるということは、既存のやり方では限界があることの裏返しともいえる。長年放置され続けてきた課題でもあり、「旬」の問題でもある顧客との向き合い方。この先、実際にモノを見られないオンラインで買い物をする機会が増えるほど、消費者は信頼と安心を求めて特定の人を頼るようになるだろう。消費者とどう対峙するか。真剣に検討すべきときを逃してはいけない。

（4）　ステークホルダーとの価値共創

①　事業パートナーとの共創

　大手旅行会社は、特定の地域に根差した中小旅行会社を代理業あるいは特約店として「提携販売業務」を委託している。そうした中小旅行会社や宿泊事業者との共創を図る道のりに、大きな障害が横たわることとなった。GoToトラベル事業を担う事務局へ注がれる不信が起因するものだ。業界内分断を招いてしまったといえるだろう。政府から事務局業務を請負うツーリズム産業共同提案体は、業界団体と大手旅行各社を中心に構成されている。本来なら業界全体の再興を率先して検討すべき主体が、個社の利益確保に努めたように映った様態はさもしいものだった。キャンペーン参画事業者への情報伝達遅滞や都合の良い予算配分は、大きな反発を招いた。それにもかかわらず彼らとの関係性が昔よりもずっと希薄になっていることを認識していない希少人種は、残念ながら大企業のなかに一定数残存している。とっくにマウンティングなど機能しない時代に、遠い昔からの延長で見下し続けていると感じずにはいられない。弱く儚いものに限って、さらなる弱者を見出し安住の地を確保しようとする。狭い箱庭たる業界内で価格競合に明け暮れていた時代と何も変わらない視野の狭さが露呈している。

　業務提携先の中小旅行会社が、大企業に、また地域にどれほど貢献しているのか。伝統的旅行会社による積年の支配から逃れ、顧客へのサービス価値提案に必死に自ら磨きをかける宿泊事業者に対して、素材を販売してもらっているとの気持ちを寄せたことはあるだろうか。大手旅行会社は痛みを分かち合うべきパートナーたる存在への寄り添い方や思いの馳せ方が至らない。そう捉えざるを得ない状況を鑑みると、GoTo後の主体同士の関係性はどうなってしまうのか案じざるを得ない。菅政権の覚えがめでたかった某氏が提唱する中小企業解体論に則り、「増えすぎた旅行会社や宿泊施設」を廃業させる片棒を担いでいるとの指摘を、筆者には的外れと断言できる材料はない。

　他方、あらゆる主体を効果的に巻き込む宿泊事業者がいる[注27]。東京都千代田区東神田にあった訪日外国人向けホステル[注28]だ。当該施設は「ライフスタイル型」を実践し、宿泊客と地元住民の交流を促すコミュニティ機能を有する点が特徴だ。昼時に訪れると、ホステルが自前で持つのは珍しいレストランに、本物の交流が存在した。立地する「ウラチヨ（裏千代田）」に増えたファミリー向けマンションに住む子連れの母親が目立つ。もともと商業地で、

訪日外国人向けホステルの客室とロビー周辺

子連れで入ることのできる店が少ないので重宝されるという。おしゃべりに夢中のママ軍団の隣では、子どもたちに宿泊客が英語で話しかけている。日本のアニメ事情を子どもたちに教えてもらうこともあるようだ。朝はロビー、夜はバーと、共有スペースでは国籍や世代を超えた交流が盛んだった。客とスタッフとの距離も近い。マネージャーは「場のファシリテーター」を自称していた。

　旅行会社はその華やかなイメージに起因して、「館」や商店街などから出店を歓迎される立場にあったものの、他の事業者とともに、にぎわいやコミュニティを能動的に形成する役割が十分に果たせているとはいえない。「社会のファシリテーター」としての機能をサービス・エンカウンターに持たせることができれば、その存在価値は増すことにつながるのではないだろうか。

②　企業と従業員との共創

　旅行業の将来に不安を感じる人—92.2％、ツーリズムのある企業内労組が所属組合員を対象に 2020 年 1 月から 3 月に実施した意識調査の最新結果^(注29)である。コロナ禍に回答を受け付けたことが件の数値へと大きく押し上げることになったと指定可能だろう。しかし、前々回の 2011 年調査では 96.5％、前回2015 年は 90.1％ と高止まりしている。不安度は「多少不安がある」「強い不安がある」の合算で示しているが、後者の回答率が前回調査から 10 ポイント以上上昇し、全体の半数近くにまで及んだことは特筆すべきことといえる。

　従事する産業界の将来を多くが案じているのだから、自社経営の将来見通しにも悲観的な意見が目立つ。旅行業の将来を不安視する 9 割強の人たちを母数としたとき、そのうち 6 割弱が自社の将来を「やや暗い」「かなり暗い」と捉えた。打開策を問う設問において、上位回答かつ 2 度にわたる過去の調査

より回答率が大きく上昇した項目が2つある。それは「異業種との提携など新たな商品開発に力を注ぐこと」と「旅行業で得たノウハウを基に新たな業態変革していくこと」だった。

それらのような業務の選択と集中を目指すうえで避けて通れない壁のひとつに、「サンクコスト（埋没費用）」の概念がある。もったいない気持ちに恋々として意思決定に影響を与える危険性をはらむ。宿泊業の経営再建を担うコンサルタントが「これまでに投入したコストや時間に固執するあまり、新たな展開に踏み切れない経営者があまりに多い」と頻繁にSNSで嘆いている。「せっかく××なのだから、もうちょっと△△」と考えることは、新たな無駄さえ生み出してしまう。

サンクコストは、消費をすでに終えているので戻ってくることはない。何事も対象に対して「もったいない」と寄り添う気持ちは尊く、その精神を否定するものではない。しかし、一種の勘違いが別の無駄を生み出すことのほうがもったいないことに気づく必要がある。ウェブサイト改修に多額の費用をかけようと、ユーザーに不評ならば再検討する。病院の待合室を彷彿とさせる空虚な店内内装づくりに時間をかけてしまったとしても、時代遅れと気づけば改める。いま、そしてこれから先、何をすべきかを冷静に判断せねばならない。働くものたちは先を見据えている。

③ 共創に至るコミュニケーション

インターナル、エクスターナルを問わず、言いたいことは適切な言葉を用いたうえでコミュニケーションすることが求められる。そうした物事を言葉で表現する、伝えるというタスクについては、その能力がより試される時代に入ってきているように感じる。それは「Clubhouse」などの音声版SNSが市場を席巻したり、「Zoom」や「Teams」を用いたオンライン会議が一般化したことでも感じられる。物理的なオフィス空間で使えたような、雰囲気やなんとなくでは仕事をするなんてことはもうできない。教養や知識の獲得にどれだけ真剣に取り組んできたかという経験が、あらゆる場面でそれぞれの発信者の表現のなかで具現化する。

「水の深さを知られたくなければ水を濁らせるのが一番簡単」、と言った人がいる。思想の浅さを知られたくなければ、陳腐なことでも難解な表現を多用して高尚に見せることはできる。だが、褒められたものではない。他方、わかりやすさを意識した表現では、どこかを端折ることが多いので正確には伝わりに

くい。理解できないといって嫌悪する門外漢へ順応する必要はない。理性は情念の奴隷である、とヒュームは論じた。論理は感情が求めるものに到達するのを助ける。「共創」という概念を大事にするうえで心にとどめておきたい。

【注】

1) 小宮路（2012）pp.27-28

2) 前掲 pp.30-31

3) 前掲 p.8

4) 前掲 p.12

5) 瀬良（2021）p.34

6) たとえば、観光庁（2019）

7) 文春オンライン（2020a）

8) 前掲（2020b）

9) 国土交通省（2020）

10) たとえば、東洋経済オンライン（2020）

11) たとえば、日本経済団体連合会（2010）

12) たとえば、週刊トラベルジャーナル（2019）4月8日号、p.7

13) たとえば、ログミー Biz（2018）

14) 第5章表9による

15) 週刊トラベルジャーナル（2020）3月9日号、p.17

16) 観光経済新聞（2019）

17) 日本消費経済新聞（2001）

18) たとえば、朝日新聞デジタル（2021）

19) 時事（2020）

20) 毎日新聞（2020）

21) 日本経済新聞（2018）

22) たとえば、トラベルボイス（2021）

23) 日本経済新聞（2021）

24) 日経デジタルマーケティング（2017）p34

25) たとえば、日経 MJ（2021）

26) JATA ニュースリリース（2020）

27) 週刊トラベルジャーナル（2019）8月5日号、p.19

28) 2020年7月からは大規模シェアハウスと役割を変えた。

29) 前掲（2020）6月8日号、p4

第3章　宿泊業におけるサービス価値

3.1　高価格帯ホテルに求められるサービスとは何か

いわゆる、「高級ホテル」とか「シティホテル」の概念が、「バブル崩壊」以来の30年（ほぼ「一世代」、まさに、「平成の御代」がこれに当たる）あまりの時間経過のなかで、大きく変容を遂げてしまった。

古き良き時代の「グランドホテル」が、概念的にも消えていったごとく、いまでは「シティホテル」の概念に「ビジネスホテル・チェーン」がくい込んでいる。「グランドホテル」は、建築的にも伝統的な方式で大規模（客室数だけでなく、複数のレストラン・バー、舞踏ホールや宴会場を持つ）なだけでなく、支配人から従業員まで、「親子数代」にわたっていたものだ。それから、規模や機能が縮小・特化して「シティホテル」となり、「ヒルトン」のように国際的なチェーン展開が始まる。日本的に進化したのが、「ビジネスホテル」分野で、欧米では「B&B（ベッド・アンド・ブレックファスト）」というタイプが、もはや国内では主流ともいえるようになったのである。

しかしながら、「業界内」の常識は、いかほどの変容を見せているかと問えば、いささか現実とのギャップを指摘せずにはいられない状況にあると思われる。それが、「外資系高級ホテル」の参入であった。

嚆矢となったのは、新宿の「パーク ハイアット 東京」で、開業が1994年7月というバブル崩壊の景気後退期の「直後」であったのは、「計画」そのものがバブル期に進展していたからだ。よって、開業時の「評価」は、決して「夢のような」ものではなく、むしろ、これより本格的かつ一般的となる、「資本と経営の分離」がはっきりしていた事業であったために、オーナーの東京ガスが、あたかも外資に運営委託契約で「してやられた」とまで巷間に言われたものであった。

けれども、「パーク ハイアット 東京」の評価は、館内の「ニューヨーク グリル」がこのような時代背景に関係なく個人富裕層から高く評価されたこともあって、少ない客室数（178室）に対する面積（主力のパーク デラックスルーム：55㎡）の「広さ」が知られるようになると、ホテル全体の評価として当時「わが国最高」となったのである。

「パーク ハイアット 東京」の外観とレストラン「ニューヨーク グリル」

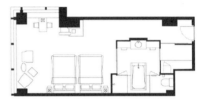

評価の高い「パーク ハイアット 東京」のパーク デラックス ルームの間取

　これは、国内高級ホテル（それまで本格的外資とは「東京ヒルトン（現ザ・キャピトルホテル 東急）」しかなかった）が、1,000室規模で約40㎡を標準としていたことへの物理的な挑戦であったともいえる。なにも、主たる営業スペースが地上40階以上の超高層空間に出現したこと「だけ」なのではない。むしろ、外国の洗練されたデザインからの雰囲気がより「最高級」を演出することに成功し、従業員の教育もよくこれに合致したのだった。

　いわば、「パーク ハイアット 東京」の「成功事例」が、東京をホテル・マーケットとして見る「投資家」からの目線を変えたのだった。すなわち、「ポート・フォリオ」としての新しい隙間「ブルーオーシャン」が発見されたことになったから、まさに「嚆矢」なのである。これまで、地価が極端に高価だった（バブル期には東京23区の土地価格で、アメリカ全土が購入できるといわれた）。

　改めて、ホテル業が特殊だといわれるゆえんを確認すると、財とサービスの生産に用いる「生産要素（土地、労働、資本）」のうち、農林業は土地と労働を必要とするので「労働集約型産業」といわれ、製造業は土地と資本（機械化や自動化などの設備）を必要とするので「資本集約型産業」と言われ、多くの

産業はこのどちらかに当たる。対してホテル業は、生産要素のすべてを必要とする産業なので「特殊な産業」と言われるのである。ホテル（Hotel）の語源、ホスピス（Hospes）からのもうひとつの派生、病院（Hospital）も、ホテル同様に「特殊な産業」といえる。

　このような事情を踏まえて、前回の東京オリンピック（1964 年）までに整備された、ホテルオークラ、ホテルニューオータニ、それに 70 年代の日本経済絶頂期に建て替えた帝国ホテルが、わが国を代表する都心部の高級ホテルとして、「御三家」と呼ばれていたことの意味を以下のように解することができる。すなわち、これらホテルの「稼働率」を見れば、「十分な状態」に見えた。これ以上の高級ホテルを市場投入しても、投資家として、新たなホテル用地の取得と建物の建設をもって市場参入するには、投資額が巨大すぎて投資回収のリスクが高すぎる、と見られていたのだった。このような思い込みに風穴を開けたのが、「パーク ハイアット 東京」のビジネス・モデルであった。その「資本と経営の分離」という方法は、ホテル運営企業だけではなく、資金を提供する投資家にとっても投資リスクを低減回避する方法として「嚆矢」となったのである。

　さらに、ホテルは「供給すると需要を生む」という特性があることは知られていたが、「建ててみないとわからない」ということから、事前に需要を正確に予測することが困難なため、このことも東京におけるホテル投資を消極的にさせていた。しかし、「パーク ハイアット 東京」が開業した後の、東京のホ

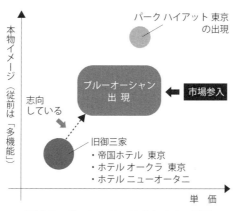

図 3.1　ポート・フォリオのイメージ図

テルマーケットにおける「ポート・フォリオ図（事業実体の立ち位置を示す図）」を作成してみれば、御三家と「パーク ハイアット 東京」との間における「隙間」が明確となって、新たな参入空間としての「ブルーオーシャン（魅力的で未開発な領域）」が出現したのだった。よって、これより従来の国内ホテルが主張する「高級」とは一線を画した「超高級」という概念が生まれ、その供給元が先行して建て替えに成功したパレスホテルを除いて、ほぼすべて「外資系」という状況となったのである。そして、外資系ホテル・ブランドは、自ら不動産投資を「しない」ので、資本と経営（外資ホテルは「運営」だけする）の分離を旨とすることが一般化した。

　なお、土地や建物をホテル事業者に提供するオーナーの立場について若干触れれば、そこが有名ホテル・ブランドであれば、オーナーとしての社会的地位が高まるという「効果」も事前期待値のなかにある。よって、オーナーは他の事業による土地利用よりも高収益を期待できないものの、安定収益と数字には現れないメリットを享受することになるし、ホテル周辺の土地も所有しているならば、街区の活性化による収益拡大も期待できるという構造になっている。

　以上から、とかくホテルなどの宿泊産業は、「人的サービス」の議論が目立つ傾向があるものの、「不動産事業」としての目線は不可欠で、そのために「平米単価」という概念が必要となる。一般的に、営業スペースとバックスペースの比率を「レンタブル比」といって、フルスペックの高級ホテルでは「営業48：バック52」を目安に基本設計がされてきた。これが、ビジネスホテルでは、「営業80」を目安にしている。サービス内容（レストランやバー、宴会場などの有無）と遅滞のないサービス品質確保に、厨房その他の必要面積という物理的要素は無視できないから、利用客はその利便性の高低における料金差を、面積比でも負担していたり、ビジネスホテルならばその負担を免れているのである。よって、「産業特性」や「物理的条件」を踏まえての「人的サービス」が議論されなければならない。このことは、病院選びと同じで、セカンドオピニオンやインフォームドコンセントの概念が常識になって、患者が病院を選択する際の条件になっていることに等しい。候補となる病院に物理的に立派な建物や最新の設備機器があっても、「名医」がいなければ選ばれないのと同じだし、「名医」がいれば多少設備に難があっても患者は選び続けるのである。

　一方で、バブル崩壊以来の「不良債権処理」、で、主な対象になったのが、

「リゾート開発」などで破たんした、宿泊施設を含む複合的な事業であった。その「切り売り」に対応して、「買い漁る」行動を示したのが、「外資系投資ファンド」を中心とした「ハゲタカ」^(注1) であった。筆者は「外資系投資銀行」にて、同業務に携わった経験があるが、そのビジネス・モデルは、「安く買って、高く売る」を徹底追求したものである。しかし、「高く売る」ための条件は、決して不動産価値で評価されるのではなく、「利益を出すオペレーション力」ということに尽きるのである。すなわち、従業員に「名医」になる訓練をほどこすことになる。

　だから、「事業再生」にあたって最も重要なポイントは、事業（現場）に残された従業員のポテンシャル向上しかなく、高く購入してくれる「次のオーナー（投資家）」にとっても最重要なのは、もちろん不動産価値ではなく、従業員たちが創造するしかない「付加価値」の評価であって、これが事業の価値のすべてを決定する。

　なにも筆者が関わったからということではなくて、昨今「ハゲタカ」を「ハゲタカ」と呼ばずに、「投資家」とか「スポンサー」というようになった背景には、事業破たんに追いやった、一種無能な経営者に退場してもらう「システム」が、従業員たち自身の付加価値を向上させる「訓練」を自動的に提供することになって、結果的に自らを「助ける」ことになると気がついたからであろう。

　これには、当然に、訓練する側とさせられる側の葛藤のドラマがある。それが、経営（マネジメント）力によって、従業員の能力を引き出す、という活動なのである。

　わが国が上り調子の良き時代に人気を誇った作家に、花登筺^(注2) の「商魂物」といわれたジャンルがある。その代表作が、『細うで繁盛記』（1970～1971年、よみうりテレビ）だ。大阪の有名料亭の娘から、伊豆の小さな温泉旅館に嫁いだ主人公が、土地柄、家柄という本人には新しいが、因習渦巻く古い環境で「外様」扱いされながらもさまざまな工夫とアイデアで、成功に導くという物語である。このドラマに出てくるさまざまな「因習」は、現在でも「憧れの田舎暮らし」をしたら起きるはずで、地元の人たちとの軋轢に通じる根深さがあり、都会の「隣人が誰だかわからない」こととのコントラストを作っている。

　花登の作品に登場する「人間模様」は、一種の「二元論（勧善懲悪）」ではあるけれど、ドラマ放送から世代を超える数十年の時間経過があっても、事業

再生の現場ではもっと「凄まじい」人間たちが登場するから、事実は小説よりも奇なりという正論を経験させてもらえた。

　そのようななかから言えることは、第1章で述べた、「人間」という問題に立ち返るのである。それは、宿泊業が「接客業」であって、「お客様」が人間なのだから当たり前ではあるけれど、灯台下暗しとも、当たり前がゆえの「死角」があると考えるべきであろう。なぜなら、花登が描く「商魂」とは、およそ「資本主義」の香りがしない。「大阪＝浪速商人」というえらく「土臭い」人びとが醸し出す「銭の花」を咲かせるという「ファンタジー」であって、これを視聴していた「業界人」は、その放送時間でも勤務中だと想定すれば、親の留守を守る子どもたちやその面倒をみる元（大）女将などが想定できる。しかし、却って勤め人の一般人が「業界内部事情」に詳しくなるという「効果」があったはずで、むしろ利用客からの指摘を「痛い」と現場では感じていたのではあるまいか。

　ならば録画して観てみようにならないのは、家庭用ビデオデッキが発売されたのが、放送後5年も経った1976年が「VHS」の発売元年[注3]だったからである。

　そんな事情も踏まえると、この作品のヒットによって、直接的にも間接的にも「業界人」がイメージした「宿泊業の成功」とは、「資本」というテーマで扱うべきものではなく、従業員の「個人的資質」をより一層重視する展開を「許されるべき美談」へと昇華、確信させたきらいがある。

　これが、個人の「自己研鑽（けんさん）」という「業界文化」になって、会社や業界が企図する「産業訓練」[注4]にならなかった、ひとつの理由ではないかと疑っている。

　さて、「高級ホテル」の概念が変化した経緯はまだ続いている。世界の「超高級」とは、価格にして「1泊4万ドル」というデファクトスタンダードが形成されているのだ。もっとも普及（スタンダード化）した事例で知られるのは、マイクロソフト社の『Windows（ウィンドウズ）』であろう。パソコンに不可欠の「OS（オペレーション・システム）」として、政府や国際機関が決めたものではなく、一民間企業が開発したものが、世界中のユーザーに支持されて普及した。このウィンドウズの成功以来、特に「GAFA（ガーファ）（グーグル、アマゾン、フェイスブック、アップル）」といった、巨大IT技術企業によって、その製品やサービスが、デファクトスタンダードになっている。それが流れで、宿

泊業では、「1泊4万ドル」以上という基準ができたのだ。世界最高価格の宿は、「1泊10万ドル」というレベルにあって、ほぼ個人富裕層からの予約で成立している。そして、おおよその泊数は、10泊というから、1回の滞在で、日本円にして1億円を支払っている。先般のオリンピックで来日した、IOCの会長が東京で宿泊した部屋の料金は、1泊300万円だとして話題になったものの、残念ながら、東京（日本国内）にデファクトスタンダードを満たす宿泊施設は存在していない。それがまた、わが国に外国人富裕層が来ない理由のひとつとして、「泊まるところがない」になっているのである。

もちろん、こうした人たちは、主にプライベートジェットという交通手段を用い、飛行場における入国審査も、空港内V.I.P.エリアで「並ばず」に済ませて、そのままヘリコプターや乗用車に乗り換えて移動することも行われている。

よって、プライベートジェットの操縦士やキャビンアテンダントの需要があって、大手航空会社のOBやOGを対象に募集・採用がされている。もはや、知る人ぞ知る「人材マーケット」規模となって久しい。

このような「超高級」での採用キーワードも、「個人」である。それが、かつての「商魂物」とはほど遠いビジネス・イメージになるのはどういうわけかを突きつめると、「サービス・システム構築」という側面が見えてくるのである。それには、「コスト・パフォーマンス＝コスパ」が通じない、あるいは、「ホンモノの証明力」が問われているのである。

そもそも、「コスパ」とは、和製英語であるので外国人には通じない。フランス語に、「セクハラ」にあたる言葉がなかったのは、「概念として存在しない」から「言語にない」のは当然なのと同様である。日本で生まれた「コスパ」とは、バブル経済の賜であった。これには、「おいしい」という言葉もできて、「利得」が「うまみ」として表現されたことに通じるのである。

はっきり書けば、「卑しさ」がある。それが、「コスパ」なのである。「価格提示」において、欧米では「自信」をもって発信しているので、「いいものは高い」という常識がある。中東では、商人が提示した「言い値」で買う者はいないが、「価値の折り合いをつける」ための交渉は普通に行われている。当然だが、そこにも「コスパ」という概念はない。

30年以上の歳月をかけて、ゆっくりとしかし確実に経済力を衰退させているわが国では、日々貧しくなるにつれて、まるで反比例のように「コスパ」が

拡散し、提供者の生活感が価格に反映されるようにもなってすっかり定着した。貧しくなった世間から、「高額」との評価を受けるのが忍びない、という感覚がある一方には、自身が生みだしている価値への「自信のなさ」をも示すことになったのだ。以前なら普通にあった、この価格で購入できないなら客ではない、という根拠ある気高さが失われている。それが、「ホンモノの証明力」の減衰でもあるし、買い手の側に理解力がないばかりか、「コスパ」が脳裡にあるのだ。

　こういった感覚が、高級ホテルにも影響していないかと疑っているのは、その「サービス設計」と「実際」とのギャップについての「システム構築」という概念の希薄さがあるのではないかと考えるからである。ここに、「サービス・イノベーション」の出発点があると考える。

3.2　ホテルのサービス・イノベーション、その前と後に

　現在は「資本主義」社会である、と誰もが信じており、またそれが、「当たり前」でもある。もちろん、「批判的な人」もいるのは、「自由」である。しかし、「人類の歴史」という側面から見れば、「資本主義がなかった時代」の方が「ふつう」なのだ。

　18世紀、資本主義発祥の地であるイギリスを例に挙げるまでもなく、わが国では江戸時代を含む昔は、いまとは別の「異なる経済体系」だった。これを、「前資本」とか、「前期資本主義」という。「前」がつくからわかるけれども、この言い方も「いまの資本主義の時代」を基点にしている。当時の人たちが、「いまは前資本の時代だ」と意識していたはずもない。

　困ったことに現在も、資本主義の成立についての「確定した学説がない」ままなのではあるけれど、有力な説としての『プロテスタンティズムの倫理と資本主義の精神』[注5]が頻繁に例示される「伝統」がある。社会学の巨人、マックス・ウェーバーの代表的著作だ。宗教改革とは、腐敗したローマ・カトリック教会のやり方に反発した人たちが起こした、一種の「原理主義運動」である。ローマ教会は、配下の聖職者に権威付けをするため、信者が自分で聖書を読むことを嫌っただけでなく、聖職者の特権にした。しかし、グーテンベルクの活版印刷術ができると、これが、当時の「情報革命」となったのである。ウェーバーのこの名著では、真面目に、質素に信仰生活を送って、真面目に働いていた人びとが、「意図せずに」手許にお金が貯まっていたことが、資本主

義誕生の瞬間としている。そして、資金不足の仲間に「出資した」ら、また「意図せずに」儲かってしまった。それから、順番が逆転して、「儲けるために」出資をすることになったのである。

このような逆転は、現代の「損益計算書」でも発生する。売上からさまざまな経費を引き算するだけの「計算書」だったものが、あたかも売上が先で、経費が後から発生するという勘違いをおこすのである。すべての経済活動は、「出費」が先で、売上とはその「回収」に過ぎず、利益は「結果」なのである。

さて、「前資本：前期資本」の時代とは、どんな価値観の時代であったのだろうか。それは、「詐欺」、「掠奪」、「冒険」が「ふつう」の世の中で、ただひたすらに「金儲け主義」だったのだ。ならば、いまと変わらないではないか。

そこでいま、我われが言う「資本主義」とは、詳しくいえば「産業資本主義」のことである。これは、「目的合理的に産業を経営すること」と定義できるのだ。いわゆる、「製造業」における「最適計画法」によって生産計画をたてて、そのとおりにこれを遂行することこそが、資本主義的行動なのである(注6)。だから、前資本は本能的で粗っぽく、産業資本主義は緻密で繊細という全然違う性質があることは区別したい。

ヨーロッパ文明の基礎をなした、イスラム文明の文学にも残る、『アラジンと魔法のランプ』、『アリババと四十人の盗賊』、『シンドバッドの冒険』といった「物語」が、前資本時代の名残だし、日本では、紀伊国屋文左衛門の『みかん船の話』が端的に教えてくれている「一獲千金の冒険談」である。紀州（いまの和歌山県）名物のみかんが、豊作なのに江戸への船が悪天候で出港できない。なので、江戸では不足するみかんの価格が暴騰しても、紀州では大阪商人に買いたたかれていた。そこで一念発起して、借金してでも安いミカンを買い占めて、荒海に繰り出して大金を得た、という話だ。

「欺すより欺される方が悪い」といった価値観も、「詐欺」や「掠奪」がふつうだった時代からの「教訓」なのだ。

そもそも、「封建領主」とは、洋の東西を問わず、大概が「地元の暴れん坊」から身を立てた人たちだから、「詐欺」、「掠奪」、「冒険」を否定するとは、自身の家系の否定につながるタブーであった。

いずれにしても、原始時代から近代以前までの長い時間、人類は「産業資本主義」を識らないで生きてきたことは事実である。すると、花登筺の「商魂物」とは、「前資本」の頃の発想を引きずっていることがわかるのである。彼

のつくった物語から、現実はどれほどの「進化」を遂げたのか、あるいはとどまったままなのか、という問題が、「宿泊業界」に存在することになるのである。

（1）宿泊・良好体験

　前資本を準備したのは、長い時間をかけた「家内工業」の時代があったからといわれている。そこでふり返れば、「宿」という業態の始まりも、「家の内」に旅人を案内して、食事と寝床を用意したことにある。「詐欺」、「掠奪」、「冒険」がふつうの時代だから、「旅人」とは「冒険者」だったかもしれないし、事情が不明なら「家の内」に他人を引き入れることのリスクは計り知れない。あるいは、客側からすれば、そこが宿なのかそれとも「詐欺」や「掠奪」にあうのではないかという身の危険もあった。

　それで、宗教が登場し、教会や寺院での宿泊が安全とされたのだ。だから、『レ・ミゼラブル』^(注7)の主人公、ジャン・バルジャンがたどり着いたのが教会堂だったし、わが国でも「宿坊」（参拝者のための宿泊施設）が発達するのである。なお、『レ・ミゼラブル』の物語の展開で重要な役割を果たす、小悪党「テナルディエ夫妻」の成業は、「宿屋」であった。

　「家業」としての宿は、いきおい年中無休を旨とするので、繁盛して多忙な宿ほど、自身が客になる間がない。もちろん、いまとは違う「前資本」の時代なら、食材だって自前の農地や牧場から採れたものだったことだろう。

　時代が変わって、食材からなにからを取り引き業者が届けてくれるなら、それはそれで、家内での業務に専念できたから、やはり「客になる」というチャンスもなければ「旅に」出ることもない。

　これが、「視野狭窄」の原因になる。『細うで繁盛記』の主人公が嫁いだ家と土地柄（地域）そのものが、この典型の集合体だったのであるし、別にそれが特定地方のことではなくて、全国でのことだったから視聴者の共感を掴んだのである。

（2）　客になる経験の浅さ

　筆者がホテルへの入社が決まったとき、同期諸君と役員・経営幹部との懇親会が用意されていて、その場で何人にも、何度もしつこいほどに「客になれ」とアドバイスされた。しかし、その本意は、ライバルホテルを含めてのこと

だったから、「自腹」ではできないほどの「薄給」を恨んだものだ。

　では、「研修」ではダメなのか。結論から先にいえば、ダメなのである。なぜなら、「自腹の痛み」をもって対価とすることの重要性があるからだ。サービスの価値を理解するには、「自腹」でなければならない。

　これは却って、学生時代に「時給」で働くことの意義にも通じる。学業を放り出してアルバイトに精を出すのもいかが、という意見もあろうが、「自分の労働の値段」が、体を使ってわかる意義は大きい。

　たとえば、時給1,000円とするならば、コンビニでの気軽な買い物での物品が、時給からの逆算で、何分働いた時間に相当する価値かがわかるのである。これが、月給になると不明になる。わざわざ給与明細を見ながら、労働時間で割り算しないと出てこない。

　「生産性向上」の政治課題が、どうしたわけか「残業削減」のための労働時間の話に転換されたのは、政治の話よりも、当事者としての経営の話にすれば、「人時生産性」[注8] という指標の使い方に直結する。単純化すれば、企業がその経理能力を発揮して、人時生産性を算出して社内指標にしようとするのか、しないのか、の話だったのである。

　厳密性には欠けるが、実務では「売上高人時生産性」を用いても、十分に経営指標として機能する。当日の売上高を当日の総労働時間で割ればよい。ただし、総労働時間には、社長など経営者の分も加えることが必要である。この単純な計算を毎日行うことで、自社の「効率」が見えてくる。それで、お客側の立場で発想することの意味と効果の発見にもなる。「客数×単価」に見合った人時生産性なのかは、あまりにも重要な指標になるのだ。たとえば、売上高人時生産性が1万円だとして、全従業員平均時給が3,000円なら、そのときの人件費率は30％だとわかる。ここから「逆算」などの応用をすれば、「働き方」と「働かせ方」の工夫がより具体化するであろう。

　昨今では、「休館日」を創出する宿も増えてきた。ネット公開している「予約表上」で、「×」や「─」と表示していることも散見する。そうやって、身体を休めるだけでなく、「ライバル店」などを体験しに行くことに積極的な宿もある。

　そこで、「見て盗む」ということは肯定するものの、何を見て盗むのかが問題になる。

　よくあるのが、「こんな料理」、「こんな部屋」などの写真集をつくることに

熱中している場合だ。いまでは、「インスタ映え」という「普通」ができたので、誰でもがスマートフォンで撮影に勤しんでいても、誰も気にとめなくなった。

　しかし、一方で、だからといって業界の品質向上で著しい進歩があるかといえば、疑問符がつく。ならば、写真撮影した（された）効果がない、ということになる。

　ここで指摘しておきたいのは、業界人なら、「見えないモノを見る」ことが重要だと意識して見つめることが問われるのである。それが、サービス提供の「システム」にあたる。たまたま素晴らしい、のではなくて、いつでも誰にでもできている状態、をどうやって構築しているのか。

　この視点をつかむために、自腹で客になる経験が絶対に必要なのである。一方で、他社を観察し参考にするというなら、プロとして、自社でどんなサービス設計のもとに事業をしているのか、という足元の基本こそが問われていることになる。事前に自社という「下敷き」を持っていないと、その場限りの写真集作成になってしまうのである。これが前述した製造業なら、「最適計画法」による「生産計画」にあたることだ。

　ところが、宿泊業でも大企業ならまだしも、中小あるいは家族経営ともなれば、なかなか手が回らないのも実態だろうし、だからといって放置もできない。悩ましい問題が存在している現状がある。

（3）　採用　人手不足とネット社会

　「少子」という問題と「超高齢化」という別個の問題とが重なって、「人口減少」という社会現象が起きている。国内マーケットという視点からすれば、人口減少は「客数減」となるし、「人手不足」ということになる。

　「ニュースなんてものはない」と言ったのは、700年前の『徒然草』[注9]ではあるけれど、天変地異とか疫病、戦争が理由ではない、平時における「人口減少」とは、人類史上の初めてなのである。それが、わが国を始めとした、東アジア圏で起きている[注10]。

　2021年6月4日、厚生労働省発表の「人口動態統計月報年計（概数）」で、2020年の出生数は84万832人（前年マイナス2万4,407人）だった。なお、死亡者数は、「コロナ禍」にあって、なぜか前年より少ない「マイナス8,455人」の137万2,648人だった。

　戦後のわが国出生数のピークは、1949 年の 269 万 6,638 人（第一次ベビーブーム：団塊の世代）だったから、2021 年で 72 歳になる人たちからすると、孫世代の出生数は、3 分の 1 以下になっているということになる。

　「死亡者数－出生数＝人口減少数」になるので、53 万 1,816 人の減少となった。「中核都市」といわれるのがざっと 30 万人規模の都市を指すので、およそ二つの中核都市が消滅した数となる。出生数の急激な上昇は考えにくく、超高齢化による死亡者数の増加見込みとあわせれば、わが国の人口減少度合いは、この先急激なものと予想されている。「人口数」とは、「数学」であるから、この予想が外れる可能性も少なく、あと数年で毎年 100 万人規模の減少が確実の現実となるから、この点は、「ニュース」にならない。

　そこで、「新卒採用」が維持できるのか、について考えれば、「不可能」という結論が待っている。少なくとも、あと 19 年後には、昨年の 84 万 832 人以下しか 20 歳にならないことが確定している。

　すると、人的サービス産業における「従業員数の確保」は、長期的にできるのかという問題が、「事業の継続」という問題に変換される可能性がでてくる。したがって、「埋め合わせ」のための「外国人」に触手が動くのは当然だろう。

　けれども、2021 年 7 月 1 日にアメリカ国務省が発表した、2021 年版の『人身売買に関する報告書』[注11] で、わが国の「外国人技能実習生制度」について、「問題がある」と指摘している。このことは、「観光系大学」等、いわゆる、「F ランク大学」[注12] における学生募集にあたっての外国人留学生依存問題と、在学中の就労問題、行方不明問題および卒業後の進路における、それぞれの問題が、「奴隷労働」にまつわる問題に集約・直結していることも示唆する。

　企業の社会的責任という観点に、これらが加わることは、何も外国政府から指摘されるまでもなく必然であるので、いまや単なる人手不足を超えた「経営リスク」ともなってきたことは極めて重要な「前提」なのである。

　かつてのわかりやすい「産業構造」の時代、いわば「大量生産」と「大量消費」がセットで存在した、いまより単純な社会構造の下では、その産業構造にあわせた「人材育成＝主に集団に従う学校教育」が「最適」であった。

　しかしながら、1970 年代から始まって、すでに半世紀となる「価値多様化」は、とっくに「飛散化」へと変化している。そのひとつが、「オタク市

場」を形成した「オタク文化」であり、政府が推進する「クールジャパン」も、元はマンガとアニメを基盤とする「サブカルチャーとしてのオタク文化」キャンペーンであった。

　「オタク」とは、学校の集団生活に馴染（なじ）めない、あるいは「いじめ」をきっかけにした引きこもりの文化という側面があるから、集団を「正規」とすれば、「暗くイジイジした」アウトサイダーであった。けれども、その突出したある特定の世界の深みに入りこむことによって得た、一種の特殊能力が認められるやいなや、一気に市場に浮かび上がる存在になったのである。まさに、一芸に秀でる、の典型であった。

　こうして、社会の表面に出たことで、その仲間の存在の多さがネットを通じても知れ渡り、集団を正規とした社会から別格の居場所を得たのである。しかも、「豊かさ」が蔓延して「退屈」になっていた他の先進国の若者たちにも感染して、伝統的日本文化とは異なる日本文化としての消費が始まった。それを助けたのが、インターネット、SNSの発信力だった。

　つまり、今現在、わが国には二つの文化消費があって、それが「伝統文化」と「サブカルチャー」になったのである。

　すると、今度は、集団が「正規」でいられるのか、という問題が発生する。「コロナ禍」における、義務教育での「リモート授業」という試みは、集団が正規であるという伝統文化と、個人の世界というサブカルチャーのミックスを余儀なくした。この経験が、新しい「教育崩壊」の原因になりかねない。つまり、集団への従属の正規性が希薄になるので、集団を正規としてきた明治以来の「国民教育＝産業労働者育成」の伝統的方法論が効力を失う可能性が高いので、従来の価値観を持つ大人世代からしたら、「崩壊」に見えることになる。

　さて、こうした「育ち」の若者たちが、社会に放たれる時代がやってきた。このとき、かつての集団を正規とした訓練を受けてはいない「新人類」としても、それでもようやく採用できた貴重な人材（外国人も含まれる）を、どのように一人前にするのか、という課題が、いきなり企業側に発生するのである。

　もはや『細うで繁盛記』のような、「自主的な商魂」を期待することも、「ど

サブカルチャーの発信地・秋葉原

根性」を強制することもできない。こうした社会常識としての「かくあるべき」という「伝統」が、学校教育という、「6・3・3＋4 の 16 年間」で、育まれることに期待できないばかりか、反発を得て入社早々の退社という事態にもなりかねないのである。これを世は、「自立する個人」と呼ぶ。

　よって、中途採用を含めた人材を受け入れる企業には、必然的に社内での（従来とは様相を異にする）「教育・研修」という手間が発生することになって、この成否が、企業自身の継続性のカギを握ることになる。一方で、個人の方は、職業スキルをいかに自身で修得するのかが問われ出す。企業は、企業内研修でじっくり「育てる」というインセンティブが希薄になるからであるし、スキル込みの賃金だという概念が一般的になる可能性がある。従来の「ウエットな＝浪花節的な」雇用関係ではなくて、ドライというよりも「冷たい」関係になることで、「人手不足の解消」を図ることになるかもしれない。しかし、そうはいっても、企業側には「自立する個人を満足させる」魅力ある職場の提供が不可欠になるのである。

（4）　教育・研修　過剰と不足

　かつて、日本企業の多くは、新卒採用後の社内研修による人材育成に熱心だった。これを完成させたのが、主たる稼ぎ手であった「製造業企業」[注13]である。製造業に普及した教育・研修のモットーにある「生徒が学んでいないのは、先生が教えていないから」[注14] は、現在の学校教育における問題にも通じる。

　理解が進んでいる生徒と、そうでない生徒がいる場合、教師はできない生徒を「悪」と捉える傾向があるけれど、果たして自分の教え方の品質が良いか悪いかを考えることもしないなら、製造業における「教え方」をいまからでも遅くはないから学び取るべきであろう。ただし、理解が進んでいない生徒を「お客様」とする、「塾」や「予備校」という業態もあって、学力について実際はこれらに「依存」している。

　また製造業は、良くも悪くも、規模の大小を問わずに海外進出をして、前述の「社内教育問題」について、海外で直面し解決を図ってきている。すなわち、「働かせ方」についてのノウハウを否応なしに積んでいるのである。しかも、そうした製造業のなかにあっても、従来的社内教育をしっかりできる企業と、「体力差」から、離脱せざるを得ない企業とに分離していて、その離脱の

意味が、社員教育の分野から「廃業の決断」へとなっている。

　この点で、「内需」に依存している宿泊業などの人的サービス産業は、良くも悪くも「揉まれていない」のだ。

　つまり、これからやってくる問題対処には、ある程度のレベルまでなら、「製造業の経験」がかつてないほどに役立つだろう。さらに、「高価格帯」を維持するのならば、こうした方法を知らないで達成することは困難だといえるのである。すると、製造業から人的サービス業に、「指導者」としての需要が生まれることを予感させる。

（5）　過剰の制御

　まったく信じられないことだが、「経費削減」に血まなこになるばかりに、「人員」や「人件費」を削減したがる経営者が絶えない。

　その原因は、「損益計算書」(注15) ばかりを見ているからである。宿泊業や人的サービス産業が、「法人税法」や「会社法」で作成義務のある決算書、すなわち「損益計算書」を重視するあまり、これらには経営者が経営するときに役立つ情報は、ほとんどないことに気付かないでいる。税法なら支払うべき税金の計算のため、会社法なら株主への企業情報公開のためと、目的が定められていて、そのどちらにも「経営者のため」という目的が入っていない。

　ならば、役に立たないものをどうして見ているのかといえば、「わかったつもり」になるからである。そして、顧問先企業からの評価を得たい、税理士や会計士は、別途契約をしない限り決して「本当に経営者のためになる情報」はくれない。そこが、優秀な「士業」商売の源泉だからだ。

　それだから、自己流でわからない経営者は、損益計算書の科目を見て、科目内で削減せよと命じてしまう。イエスマンの社内官僚は、もっともらしい削減目標を細かくつくるけれど、達成できたためしがないのは、端からムダな努力だからである。ましてや、必要経費までも削減して顧客が逃げた、という事例も事欠かない。

　こうした場合、発想を変えることが重要だ。「いままでのやり方で、これまでと違う結果を出すことはできない」からである。「経費を削減する」のではなくて、「ムダを発見する」ことだ。すると、なにがムダで、なにがムダでないかの「区別」が必要になる。であれば、最初にどんな状態が望ましいかを決めないと、何も決められないことに気づくだろう。この基準のなさ、が経費削

減に失敗する原因だ。

　望ましい姿を決めて全員の同意ができれば、後は勝手に経費は減っていく。まさに、OJT（On-the-Job Training）にうってつけでかつ「実利」のある、教育・研修といえる。ここにも、産業資本主義であることが重要な前提条件として見え隠れするのである。

（6）　不足の補充

　「情報」の持つひとつの側面として、識らないことを知る、がある。

　そのなかで、基礎をなすのが第1章で前述した「TWI」と「MTP」である。ここでの教育とは、人と人の関係を結ぶために、もっとも合理的な方法の習得にある。これらの基礎の上に、各職場の専門知識があるという構造になっている。

　人的サービス業の特徴に、専門家集団であるという原点があるのに、それが日常であるがゆえにとかく忘れられがちでもある。職場による常識的専門性が、別の職場にはまったく違う常識的専門性があるものだ。だから職場を中心にした人材育成では、それぞれの専門性の追求にだけ焦点が当てられてしまう傾向が生じる。もちろん、製造業でも職場による専門性はあるから、専門性の追求に予断はない。

　けれども、あえて言えば、基礎が無ければ砂上の楼閣になってしまうのだ。製造業では、上で述べた「TWI」と「MTP」の浸透にマッカーサー指令（戦後わが国を占領した、連合国軍最高司令官総司令部：GHQ が発した日本政府への命令の俗称）という特別[注16]があって、無理やり基礎をやらされたことも否定できないが、その効果の絶大さに、一転、今日までも基礎作りが継続しているのだと理解していい。

　さて、以上を踏まえて、専門性の教育・研修についていえば、これらは端的に「その職場での業務上の知識」という位置付けになる。たとえば、経理部に配属されれば、伝票処理のルールを知らないで勝手に仕分作業をされても困る。だからといって、本人が最初から何もかも知っているわけもない。そこで、会社は「教えないといけない」ということになる。

　ところが、本人だって、最初から知っていないといけないことがあるのである。それが、「社会人としての常識」なのであって、「個人」に要求される分野がこれに当たる。たとえば、「法の遵守」がそれだ。

　いかに従業員個人のことだとしても、会社組織が法の遵守をしていない、としたときにどう行動するのか、想定される「同調圧力」に、いかに対抗するのか、といった問題に、企業自身が「あらかじめ」解決策を提示しておかないといけない時代になっている。ひとつの方法としての「内部告発」という制度ができた理由である。

　しかし、そうは言っても企業にとっては、時と場合によって「利益相反」することになるから、きれい事では済まないこともあるだろう。この場合、個人はかくあるべきなのか。

　残念ながら、いまのところ明確な答えはできていない。けれども、人口減少と少子による人員確保の困難さと、「個人」の専門性の追求とがいまよりも強調されるようになれば、より「企業の社会的責任」が重くなる「はず」だと思われる。

　すると、企業が行う教育・研修もしかりではあるけれど、個人が自らに課す教育・研修の重みが、「生きるため」という目的を露わにしてくるようになると予想するのである。なぜなら、それこそが「高価格帯」を維持するために必須の条件になるからである。従前なら「高学歴」というだけで採用時に「個人」を一律評価できたものが、より「中身」について問われることになるだろうし、バーナード[注17]がいうように、採用時に選ぶのは「個人」であって企業ではないという、「売り手市場が恒常化」することも想定できるのである。これは、面接しているのは応募した「個人」であって、募集した企業の特性を面接官を通して観察し、採否を決めるのも「個人」である、という意味でもある。

　いまの常識からすればにわかに信じがたいが、「人口問題」という、一企業には解決不可能な巨大な事象が、後数年もすれば「常識」になるほどの威力を出し始めるはずであるから、なにも誇大妄想ではない。これは、企業が職場を個人に開放することをも意味する。

　もっといえば、労働基準法を中心とする、「労働三法」（他に、労働組合法、労働関係調整法）だって、その基本概念が逆転（対等的労使関係という表層はそのままに）することもあり得るのだ。これには、「立法府」の敏感さが必要になるけれど、働く「個人」である国民の判断が、「敏感」にも「鈍感」にもさせる仕組みになっている。

　この意味で、労働組合の意義も変化せざるを得なくなるし、「三六協定」

（「労働基準法」第 36 条に規定の労使協定で、法定労働時間を超える場合に締結し、所轄労働基準監督署長への提出義務がある）が強化されれば、労働組合が組織されていない企業における、「従業員代表者の選出」も、いまとは違った様相になるだろう。

「ネット社会」という現状からも、企業内の専門家が知っていればよかった知識も、現場に拡散・浸透させる必要さえ生まれる。

たとえば、すでに古くなりつつある「ホームページ」における「e-コマース」にしても、電子商取引における「法」の遵守は欠かせない。しかしながら、「ネット対応」という状況は、「新しい」ことなので、明治以来のわが国の法体系上は、「昔ながらの法」の上に「特別法」として、建物でいう「階を重ねた」構造になっている。その意味でビジネスをカバーするのは、土地に当たるのが「民法」、基礎にあたるのが「商法」であり、ここにさまざまな「建物」が建っている。

「民法」の上に「商法」が、そしてその上にあるのが「消費者保護法」ならば、さらに階上に「電子消費者保護法」がある。また、元来の法律もさまざまに「改正」されているので、最新のチェックは欠かせない。たとえば、「不当景品類および不当表示防止法（略して「景表法」）」などがこれに当たる。

こうしたことを、個人で学ぶのか企業がその場を用意するのかはさまざまなので、「個人」としての必要と不足を意識していないといけない時代になってきた。また、企業の側も、「企業防衛」という視点でいえば、「個人任せ」として放置することもできない。

「人口問題」のように、問題が巨大すぎて一企業だけで解決できないこともある。それが、たとえば、「独占禁止法（独禁法）」の問題である。宿泊業で「独禁法」とは、といぶかる読者もおられよう。しかし、わが国の「公共部門の肥大化」は、かつての社会主義国のそれと似ているか、あるいはさらに高度に発達してしまった。それが、「公共調達」に見られるのである。

ほぼすべての業界をあまねく網羅して、「監督（＝管轄）官庁」が存在しているのがわが国の政府各省庁の役割であって、中央に限らず地方にもコピーされているのが実態だ。

そして、どの省庁もほぼ同じ方法の「調達＝入札制度」が採られているのは、「役所の公平性維持の建前」としては当然である。しかしながら、「建設談合」のように、「公共調達をめぐる談合問題」[注18] は、極めて根深いのであ

る。これを、著者の郷原弁護士は、「ぬえ的」[注19]という表現の紹介で解説していることは注目に値する。つまり、「ぬえ」とは、得体の知れぬもの、の代表である妖鳥＝妖怪をいうから、「法」として捉えれば、あってはならないことになる。

　コロナでかき消された「Go To キャンペーン」の陰にも、政府調達という問題があって、それがいつ独占禁止法に触れるやもしれぬ。このことは、企業だけでなく従業員個人の「経歴」問題に直結するのだ。

　以上のような問題を、「教育・研修」の前段となる、「社会環境」という側面から「孕んでいる」といえ、こうした認識をあらかじめ持っていることが「イノベーション」の前提として重要なのである。

3.3　転写と逆転写 高価格

　自分の姿を他に移転させることを「転写」といい、他者から自己へ採り入れることを「逆転写」といえば、自分から意識的に相手へ写すことは、「社内」や「資本グループ内」は別として、業務上ではあまりないことだろう。むしろ、優れた相手を参考にしてその部分を写すことが業務になることの方が多いはずだ。これを、軽い言葉でいえば、「パクリ」とか「パクる」となる。

　そこで、「オリジナル」を権利化して、これを保護する方策が生まれた。「知的財産権」とは、「パクられることの防止」なのである。したがって、誰かに「パクられたくない」とするなら、そうした「知的財産」を「登記」しなければならないということになる。つまり、「紙に書け」ということだ。従来の「特許」とは、「工業的」だったために、設計図などの書面をもって「登記」した。この制度を土台にしたのが、「ビジネスモデル特許」や「サービスマーク登録」などの新制度なのである。

　本書ではこれらの詳細には触れないが、「法律とは社会の最低限のルールである」という原則に戻った議論を土台にして、「紙に書くこと」について述べる。

　筆者の実務上の経験から、事業再生（経営破たん、倒産）に至ってしまった「残念な経営者」には、「紙に書かない」という特徴があることに気付いた。たとえば、社内ミーティングの「議事録」も、自ら書かないのが問題なのではなくて、部下にも要求しないのである。もちろん、多くのことを記憶に依存して、メモも取らない人もいる。状況としては、「～ぱなし」となるのだ。「言

いっぱなし」、「やりっぱなし」だ。

こうした人物の経歴に見る特徴は、学校卒業後にすぐに家業を継いだ、というパターンが比較的多かった。すなわち、第1章で指摘した、「育ち」という環境の問題が顕在化するのだ。このときの環境とは、自社だけでなく、自社をとりまく「業界」の環境も含まれる。

およそ日本の大企業は、ミーティング（会議）が頻繁に開催されて、その会議の生産性のなさ（時間のムダ）がよく指摘され、そのムダのなかに、中身のない会議の議事録を書かされるムダもある。それで昨今、デジタル録音から自動的に議事録を作成するソリューションが販売されるに至っている。

これらは、明らかに「過剰」の問題であって、「書かない」という不足の問題とは異なる。過剰の問題解決よりも不足の問題が比較的容易なのは、「補充」すればいいからである。前節で述べたように、過剰を削減するには、根拠となる基準を定める「ひと手間」が、問題解決の効果を高めるのだった。そして、その行為が、「産業資本主義的」なのでもあった。

なにも「ビジネスモデル特許」に至らずとも、自社にとって重要な「サービス方式」をいかに「可視化するのか」は、製造業における設計図と同様に重要である。それが、「ノウハウ」になるからだ。

ここで誤解を避けなければならないのは、たとえば料理における「レシピ」には、著作権がない、ということがある。これは、それらの食材を「どのように」料理するかが問われるからである。そこに、料理人の技術・技能があって、これを、「ノウハウ」というのだと強調しておく。

したがって、ここでは「ノウハウの可視化」のことを意味するのであるけれど、熟練者の技術・技能の継承に、製造業でも苦心しているように、「レシピさえあればいい」といった、「簡単」ではない工夫を必要とするものだ。

（1） 転写　業界標準とマニュアル

これまでの延長線にはないであろう、「高級・高価格帯ホテルのイノベーション」を考えるとき、現状のやり方を把握・分析することが科学的アプローチの第一歩であった。

また、外国の事情研究も、従来以上に確認する必要も生まれてきたのは、「コロナ後」でも、外国人富裕層をターゲットとする場合には、避けて通ることができない。それは、世界市場における「デファクトスタンダード」が生成

されるからであるし、これらの人びとの価値観（＝生活感）が、ふつうの日本人には想像もできなくなりつつあるからである。

　たとえば、前述した4万ドル以上の「超」高級ホテルに滞在する個人客の「年収」でいえば、約30億円が基準といわれている[注20]。わが国でよくいわれる、「総資産」ではないことも注意したい。また、ロンドンにある調査会社によれば、年収30億円以上の人は、世界に3万人以上（5万人とも）存在し、年々増加している。すると、4人家族で考えると最大20万人がターゲット層になっている。

　貧富の差や格差の拡大ということは抜きにして、ここでは現実の世界を見ることが、いまさらながら重要になっている。このような層を受け入れる宿泊施設が、わが国に存在しないことも前に述べたとおりである。

　次に挙げられるのが、「ノウハウの可視化」の最低ラインである、「マニュアル」の存在についてである。とかく、「高級」といわれる人的サービス業には、「マニュアルがない」ことを自慢する傾向がある[注21]。ちゃんと「ノウハウ」が記載されている「マニュアル」には、売買価格がつくほどの「商品」になることを再確認するとよい。これこそが、「転写」のための手段なのである。

　いまどきのマニュアルが、紙のファイルになっているとは思われない。文字や図表、さらには音声・動画も含む、デジタル技術を用いてビジュアル化されている方がイメージしやすいだろう。もちろん、作成に手間がかかる「マニュアル」の利用には、「品質維持・向上」のためという社内目的のほかに、「教育」という側面がある。

　前節で示した、採用や教育・研修の問題点の補完にマニュアルは欠かせない手段となるし、企業の人件費のパフォーマンス向上にも欠かせない。なぜなら、「いかに早く一人前にするのか」が、同じ賃金における「ムダ」を削減するからである。

　新入社員だから賃金が安い、ということをいつまで続けられるのか。人口減少のなかにある「少子」を舐めてはいけない。需要と供給という経済原則に従えば、生涯でもっとも手厚い賃金が若年期になることも考えられるのである。したがって、これまで以上のスピードで新人を一人前にしないといけない、という逼迫した状況がやってくるはずだ。そして、「個人」としての主張をする人たちに、無闇に「資質」を要求することもできなくなる。

　自社の事業をいかに客観的「転写」ができるかは、高価格帯を維持し目指す

なら、避けては通れないことだし、その「転写作業」での「協働」と「共創」が、そのまま「競争力」になるのである。

（2）　逆転写　ベンチマーク

　競合他社の様子を探ることを、ベンチマークという。

　これまで、「競合」の概念が、同地域という感覚が強かったのが宿泊業の「性<small>（さが）</small>」でもあった。これは、目的地として考えたときに、どうしても同じエリアでの競合が目立ったからにすぎない。そして、あらゆる面での「横並び志向」があったので、「先駆け」とか「抜け駆け」が許されなかった。このことは、そのエリアの「賃金体系」や「雇用慣習」にも及んだ。

　バブル崩壊以来の、「ハゲタカ」による買収は、「外資」という別文化の参入イメージも手伝って、これらの「横並び慣習」から買収された「館<small>（やかた）</small>」だけが抜けることができた。この意味で、「黒船」に似た、異文化を特別扱いする日本側の文化は変わっていない。

　しかし、買われたことでこうした「メリット」を享受したのは、「図太く腹黒い」考えがあってこそでもあり、実は、地元に住む従業員がそのメリットを一番理解している。表向き、地元の仲間には、「外資に買われた悲哀」を語ることで、従来できるはずのなかった呪縛から解放されたことの言い訳に利用もしたのである。これも「ハゲタカ」を、時間の経過とともに「投資家」や「スポンサー」と言い換えた理由のうちに入る。

　その意味で、旧態依然とした「館」ほど、傷んでしまったのである。

　これからの「ベンチマーク」は、「理想像」を決めてそれに合わせた相手を見つけ出すことからすべきである。すると、世の中に比較対象となるベンチマークがないということにもなるかもしれない。「横並び」の感覚があれば、大いなる不安を感じることにもなるが、「横並び」の感覚を捨て去ってオリジナルの感覚を持てば、それは、「自身が他社から転写の対象になる」ことを意味する。すなわち「逆転写」のことなのだ。

　「ナンバーワン」から「オンリーワン」の時代へと言われて大分経つが、なかなか逆転写の対象が出現しない。それは、「自社の強み」と「あるべき姿」の追求が甘いからである。

　残念ながら、製造業にあっても、海外進出にあたって「横並び」を優先させたために、進出先の「国の選定」にあたってのリスクが高まってきたし、転出

先の選定でもいまだに「横並び」が優先されているきらいがある。これは、集団が正規である、という旧教育に影響された世代がいまだに企業内で決定権を保持しているからでもあろう。

　高価格帯ホテルを目指すなら、深く広く「価値」の追求をしないと、利用客が見ぬいてしまうのだ。これは、第1章で示したように、「三位一体」の「共創」をもって行う必要の最も重要な理由なのである。関係者全員による深い追究は、命令で完遂できるほど簡単ではないからである。

　最後にその理由を、次節で確認する。

（3）　環境リスク　知識のレベル

　ここでいう「環境リスク」とは、高価格帯ホテルには限らずとも抱え込むことになる、周辺の社会的リスクをいう。けれども、高価格帯であれば、より先鋭化することは、容易に想像できるだろう。

　まず、目に見える最たるものが、「仕入れ・調達」によるリスクが顕在化してきたこととして挙げられる。たとえば、これまで述べたように、人員であれば「奴隷的労働」と疑われるリスクがあるし、物資であればその安全性はもとより、やはり生産にまつわる「人身売買」などの「人権侵害問題」など、従来の納品時の完成品に対する「品質」と「適正価格」による安定調達が、そのまま継続できる保証がなくなりつつある。それが、世界的アパレル系企業の複数社で発生している問題であって、わが国の企業も外国捜査当局からの捜査が開始され、名指し報道されるリスクに晒されている[注22]。

　また、遺伝子組み換えや土壌汚染を含めて、食品安全に関する「不正疑惑」が広がってきており、仕入れ担当者ではカバーしきれない情報が、興味ある一般人にも読める時代になってきている[注23]。

　よって、「高額＝高度なサービス提供」と受けとめられる事業者にとって、高度な情報を常に保持している状態でないと、情報に敏感だから富を得たはずの富裕層の利用客から「信用されない」ということになりかねない。つまり、「情報が品質を保証する」時代になってきたのである。

　このことは、自社の業務範囲を超えるかもしれない。すると、「情報エージェント」との契約などかつてないコストも、その「高価格維持」には必要経費となろう。

　また、たとえば、『トマト缶の黒い真実』[注24]での告発のように、一企業で

は対応できないような、「ひとつの食材」についての巨大な問題提起は、これからさまざまな物資でも起こり得る。私たちが日常的に購入している、一缶で100円もしない「トマト缶」には、予想だにしない「闇」があるという。欧米では「禁止」あるいは「規制」がある、マーガリンや製パンに使用されるショートニングについても、その原因物質のトランス脂肪酸の問題は、わが国では安全基準上スルーされている。これは、日本国政府が許可しているからといっても、規制がある国からやってくる富裕層には通用しないことを意味するのだ。

　すると、超高品質な衣食住を提供する高額ホテルにあっては、「自社農場」という選択肢まで出現するのである。このことはまた、従来の「問屋大手からの仕入れ」では、安心と安全ではなくて、「説明責任」が果たせないことを意味する。問屋大手の生き残り戦略は、こうした情報提供と取扱品の由来まで含めた品質保証にあることがわかる。

　いよいよ、梅棹忠夫が指摘した、観光業は全産業の頂点という、「食物連鎖」ならぬ「産業連鎖」の支配者たる様相が、形になり始めている。

　さらにいえば、わが国の高度成長の象徴的イベントであった、「東京オリンピック」（1964年）や「大阪万博」（1970年）を契機に、大型ホテルの開業が相次いだので、ざっと建築から半世紀以上が経過して、当時開業したホテルが建て替え時期に入っている。

　うっかり、ホテル業はサービス業だと思いがちではあるが、実際は、「建物空間」という「箱」がないと成りたたない不動産商売であることを改めて強く認識する。だから、ホテルの営業基盤には、「建築・設備」の専門家、あるいは、「ビル管理」の専門家が不可欠である[注25]。これが、「維持管理費」となって経費予算化される。つまり、建築費は「減価償却費」となって、別個に「維持管理費」があるのだ。

　すると、さらなる半世紀後には、おおよその再建築ラッシュがまたやってくることが予想できる。ならば、ホテルへの投下資本は、半世紀以内に回収できなければならないばかりか、次の再投資資金を確保しなければならない。

　これが、従来型の営業方式で成りたつのか、直接の株主でなくとも案じるところだ。その前提には、第1章で述べた独立した「個人」が、主要顧客であり、従業員なのだと忘れてはならない。低価格帯はもとより、高価格帯であればあるほど、より深く細密な知識が「価値」として要求されるのである。

　つまり、これからの宿泊業は、運命的にも、知的説明責任を果たすために、高度な情報業化を遂げながら、変容する、ということが不可欠なのだ。これが、高価格帯ホテルにおけるサービス・イノベーションのきっかけとなることは間違いなく、資金調達を含めた「資本」をどのような構成にするのかも視野に入ってくる。

　すると、決して大袈裟ではなく、必然的に巨大な資金を要するために「産業資本主義的ホテル業」の新しい時代がやってくるといえるだろう。

【注】

1) 真山仁『ハゲタカ』（ダイヤモンド社、2004 年）その後文庫化。なお、2007 年には、NHK が「土曜ドラマ」に、2018 年にはテレビ朝日で再ドラマ化など映像化されている。

2) 花登筺（1928 年〜 1983 年）。本名は、善之助。脚本家。主たる「商魂物」作品は、『番頭はんと丁稚どん』、『船場』、『細うで繁盛記』、『ぼてじゃこ物語』、『どてらい男』、『おからの華』など多数。

3) 家庭用ビデオデッキの普及は、20 世紀後期の大発明であったし、日本の家電業界のホームランともいえる。ソニーが開発した『ベータマックス』は 1975 年の発売であったが、自陣営に他メーカーを取り込むことはなかった。対して「一年後発」の『VHS』は、開発した日本ビクター（当時）が、世界に「規格を無料公開」するという挙に出て、いまでいう「デファクトスタンダード」を構築し、結果的に「技術で優る」というソニー製品を市場から駆逐することに成功した。この「事件」は、機器本体のシェアにとどまらず、「コンテンツ・ソフト」の販売にも重大な影響を与え、この後、世界のあらゆる場面での「販売戦略」の常識を再構築することとなった。

　　なお、デファクトスタンダード（de facto standard）とは、「事実上の標準」という意味で、従来、国際機関や各国政府の連携などで構築された「世界標準」とは違って、たとえ民間企業によるものでも、世界に一斉に普及されれば「事実上の標準」になることをいい、現代ではあらゆる分野で蔓延している。

4) 島川崇、神田達哉、青木昌城、永井恵一『ケースで読み解く　デジタル変革時代のツーリズム』（ミネルヴァ書房、2020 年）。「産業訓練」については、青木の第Ⅲ部「デジタル変革時代に求められる企業組織」第 7 章「古典的産業訓練の重要性」を参照されたい。

5) マックス・ウェーバー、大塚久雄訳『プロテスタンティズムの倫理と資本主義の精神』（岩波文庫、1989 年）。いわゆる「資本主義の起源」をめぐる古典である。原著は 1905 年。

6) 小室直樹『日本資本主義崩壊の論理―山本七平“日本学”の預言』（1992、光文社）。p.26。

7) ヴィクトル・ユゴー『レ・ミゼラブル（ Les Misérables)』（1862 年）。

8)「人時生産性」とは、一人あたり一時間当たりの生産性のことである。「生産性」とは、「労働生産性」とも「付加価値生産性」ともいい、略して「生産性」と呼ぶ。生産性の算出式には、「減算法」と「加算法」があって、理論上どちらも同じ計算結果となる。また、「付加価値」とは、企業が自社で作りだした価値（工業簿記でいう「粗利」）を指し、国家的な指標では「GDP」のことをいう。

9) 吉田兼好『徒然草』（1330 年〜 1349 年？）の「第一三段」に、古い時代の書物は信頼できる、とある。つまり、人間の営みに大層な変化はないから、いまの時代の大ニュースだって過去には似たようなことが起きているとも解釈できる。

10) 人口を支える「合計特殊出生率」とは、一人の女性が一生に産む子どもの数を数値化したもので、わが国の人口「維持」には、「2.07」が必要とされている。これは、夫婦2人に、若年層の死亡率（国などの衛生条件によって異なる）を加えた数字だ。2020 年の厚生労働省人口動態調査で、過去最低の「1.34」となった。また、2017 年の世界銀行調査によると香港・韓国は世界最低の「1.1」（韓国は 2018 年、2019 年に「0.92」を記録：同国行政安全省発表）、台湾「1.6」、中国「1.7」となっている。

11) アメリカ国務省『人身売買に関する報告書』について、在日アメリカ合衆国大使館のホームページには、2020 年 6 月 25 日付けで同 2020 年報告書の日本に関する部分が掲載されている。jp.usembassy.gov/ja/trafficking-in-persons-report-2020-japan-ja/（2021年 7 月 5 日最終閲覧）「人身取引の概説」の冒頭、「過去五年間に報告されたように」とあるように、わが国における人身取引については、今回 2021 年の報告で 6 年連続の指摘となっている。

12) F ランク大学とは、進学塾の河合塾が 2000 年に追加した大学ランクを始めとしており、現在では「BF（ボーダーフリー）」と表記している。https://www.keinet.ne.jp/university/ranking/（2021 年 7 月 5 日最終閲覧）

13) 前掲、島川、神田、青木、永井。第 7 章。製造業が主に取り組んだ訓練が、「TWI」と「MTP」であった。より詳しくは、ジェフリー・K・ライカー、デイビッド・P・マイヤー、稲垣公夫訳『トヨタ経営大全 1　人材開発　上』及び『下』（日経 BP 社、2008年）を参照されたい。

14) 前掲、ジェフリー・K・ライカー、デイビッド・P・マイヤーの「帯」にある言葉であり、「TWI」の精神そのものである。いまや、わが国の学校教育現場で忘れられた言葉ともいえる。

15) 青木昌城『「おもてなし」依存が会社をダメにする』（文眞堂、2015 年）p.36 以下を参照されたい。

16) 前掲、前掲、島川、神田、青木、永井。p.195 参照のこと。

17) チェスター・バーナード、飯野春樹・日本バーナード協会訳『組織と管理』（文眞堂1990 年）。

18) 郷原信郎『独占禁止法の日本的構造—制裁・措置の座標的分析』（清文社、2004 年）第Ⅲ部参照のこと。

19) 前掲、郷原、「はじめに」及び「むすび」参照。なお、「むすび」では、『「ぬえ」の最大の弊害は、重要な事実がおおい隠れてしまうことである。根本的な問題が多くの国民に認識されないまま放置され、それが主権者としての主体的判断を妨げてしまうのである』と、本書でいう「個人」にとっても重大な問題を指摘している。

20) 前掲、青木。pp.84-85。「世界」の富裕層は、ケタが違うのである。

21) 前掲、青木。p.138.「2－6　マニュアルの悲劇」参照。

22) 本書第 1 章。注 12。

23) 前掲、村上。p.130。第 4 章「専門家との非対称」。かつては専門家の「専門知識」が一般人を圧倒した「非対称」があったが、情報化によって、「(国家) 資格とは無縁の、したがって常識から見れば非専門家でしかない、患者やその家族も、自分の病気に関しては、一般の医師よりも最新の論文や薬品情報などを入手している可能性が大きくなっている」と 2000 年に指摘したことが、現実のふつうになっている。

24) ジャン＝バティスト・マレ『トマト缶の黒い真実』(太田出版、2018 年)。あまりにも問題が大きくて、どうしたらよいのか見当がつかない告発である。

25) 前掲、村上。p.66。第二章「メインテナンスの重要性」。建設にあたっての「設計計画」の重要性は、完成後の営業に直結する大事である。「しかし、造られたものを安全に機能させるためには、作ったときに匹敵するほどの努力 (資力と技術力) を注がなければならないのである。これを怠れば、作られたものは、無用の長物ならまだしも、凶器にさえ変じることがある」。

第4章　ケースで読み解くツーリズム関連産業の人の価値

4.1　ツーリズム産業と人

　大学で観光を教え始めて16年が経つが、推薦入試の面接では、この16年間、毎年必ず修学旅行の添乗員さんに憧れて、「添乗員になりたい」と言って観光を志している受験生がいる。これは現在もまったく変わらない。添乗員さん、観光ガイドさん、バスガイドさんなど、旅でいい出会いがあれば、その旅全体の印象をよくすることに繋がる。それは誰もがわかっているはずなのに、その「タビナカ」で出会う人の価値に関して総じてツーリズム関連産業は、現在に至るまであまりにも無頓着であった。

　ツーリズム産業には、スーパーガイド、カリスマ添乗員と言われている人が存在するが、ではなぜこの人たちが他のガイド・添乗員と比較して卓越しているのかは明らかにされていない。そのようなガイド、添乗員の卓越性は、先天的なものなのか、それとも後天的、すなわち教育や研修で習得できる技術的なものなのか。または、同じ後天的なものであるとしても、マニュアル化できるテクニックや技術的なものなのか、考え方や心構えのようなものなのか。いままで曖昧にスーパーとかカリスマとかといった言葉で表現してきた卓越性の正体を、ここで明らかにしてみたいと思い調査に着手した。

　これまで筆者が出会ってきた数多くのガイド、添乗員のなかで、特に心に残った方（ちょっとよかった、のレベルではなく、本当にこの人と会えてよかった！、他の人にも自信を持ってお薦めしたい！、そして、これからもずっとこの方とお付き合いしたい！、そこまで感じることができた人）にコンタクトをとり、インタビューを試みた。そして、同じ質問をそれぞれの人に投げかけて答えていただき、その答えを比較することで、スーパー、カリスマの卓越性がどこにあるかをあぶり出した。

　観光振興が政策課題となってからは、各自治体でもガイド教育・研修に予算がついて取組みを始める事例も見られるようになってきたが、その研修内容は、歴史を始めとする知識習得や基本的なマナー教育しかなされていない。果たしてそれでお客様の心に残る旅を創造するガイドを養成できているかは疑わしい。今後のツーリズム産業全体の発展のためにも、人の価値というものに

もっと注目してもらいたいとの願いを込めて、最前線で活躍する人たちの生の声をここに紹介する。

4.2　観光ガイド

（1）ミキトラベル　中村 潤爾 氏（取材時）

　ミキトラベルは日本における欧州のツアーオペレーターミキ・ツーリストの現地法人である。中村潤爾氏はミキトラベルに勤務し、旅行サービスの手配に関する業務に従事しながら、ツアーガイドも行う。現地大学で学んだ美術史など専門的な内容も極めてわかりやすく解説してくれるガイディングは多くのファンを有する。最近では YouTube チャンネルも開設し、好評を博している。

インタビュー①　ミキトラベル　中村 潤爾 氏

1981 年生まれ。学習院大学文学部哲学科を卒業後、渡仏、地方都市レンヌのレンヌ第一大学哲学部に入学し、そのまま大学院に進学。博士後期課程で挫折を味わい逡巡するなかで、散歩道で日本人観光客のグループに出くわす。ここで、添乗員が日本人観光客を引率していたのを見て、運命的なものを感じ、自身がいままで体験したフランスの素晴らしいことを紹介しながら稼ぐことができ、しかも観光客にも喜んでもらえるということに価値を見出し、フランスの現地ガイドになろうと決心する。

中村 潤爾 氏

──ガイドになったきっかけは？

　大学を卒業後に渡仏して、地方都市レンヌのレンヌ第一大学哲学部に入学して、そのまま大学院に進学しました。しかし、博士後期課程で挫折を味わい、逡巡するなかで、散歩道で日本人観光客のグループに出くわしました。ここで、添乗員が日本人観光客を引率していたのを見て、運命的なものを感じたのです。自身がいままで体験したフランスの素晴らしいことを紹介しながら稼ぐことができ、しかも観光客にも喜んでもらえるということに価値を見出して、フランスの現地ガイドになろうと決心しました。

　フランスの国立美術館や国立の歴史的建造物のガイドは、国家資格の取得者でないと認められないこととなっているのですが、その国家資格を取得すれば、フランス国籍は不要であることを知りました。そこで、ガイド養成課程の

あるレンヌ第二大学美術史学部に入学し直したのですが、授業を受けていくうちに、美術史の魅力にとりつかれてしまったのです。絵画、彫刻、建築の知識を深めていくと、見慣れていた絵画がまったく別のものに見える驚きと快感に衝撃を受け、これを人に伝えたいと強く願うようになったのです。3年後、無事ガイド資格を取得しました。

現在はヨーロッパのツアーオペレーターであるミキ・ツーリストの現地法人ミキ・トラベルパリ個人旅行部門に勤務し、ツアー造成、手配等の業務をしながら、ルーブル美術館を始めとするガイドを実際に行っています。

旅行会社の社員になったことで、ツアー企画、造成におけるルールやマーケティング、旅程保証等の旅行業界特有のルールを知ることができ、ガイドには見えない部分が見えるようになったことが強みになったと実感しています。最近は、コロナ禍で日本人観光客が激減したことから始めた YouTube チャンネルが大変好評で、多くの方々が見てくれています。

——ガイド職の魅力・やりがいは？

フランスで日本語ガイドをやっていると、観光地に仕事で行くことができます。美術館、博物館、歴史的建造物など、国営のものは大抵無料で入場できますし、美術史や歴史といった自分の好きなことをしてお金を稼ぐことができるというのは大きな魅力です。

よく、美術史や歴史は職に結びつかないと言われていますが、このような学問分野を学修した人材の就職の機会にもなっています。また、パリという地の利で、大企業の社長や有名人といった日本だったら知り合えない人に会えることも魅力のひとつでもあります。

自分は怠け者で、一人で勉強を進めていくことがしんどかったのですが、新しい場所を観光客に紹介するにあたっては、常に自分も学ばないといけません。その点で、ガイドという仕事は、学ぶ機会を与えてくれること、常に勉強しないといけない状況を与えてくれる環境に身を置けるというのもやりがいにつながっていると思います。

——目標としている人がいますか？

ガイドになろうと思い始めたときに、南仏のモワサックの教会でガイドをしていたフランス人に衝撃を受けました。このガイドの話を聞くと、いままで見

えていなかったものが、急に見え始めた瞬間がありました。たまたまなのか、演出なのかはわからなかったのですが、ガイディングの最中に電車に関する話をしていると、実際にそこに電車が通るという奇跡ともいうべき出来事が起こったりしました。もしかしたら、時間を見計らってやっていたのかもしれませんが、ガイディングにおいて、演出も必要であるとそのときに実感しました。

　また、ガイドは「話芸」であることから、落語家から学ぶことは大変多いですね。古典落語の名手である古今亭志ん朝（1938-2001）や、飄々とぶっきらぼうに面白いことをしゃべることや、絶妙な"マクラ"（前説）が人気の柳家小三治（1939-2021）の話芸は大変参考になります。ただ、落語は目の前に何もないなかで、観客に想像させる「語り」をする必要がありますが、ガイドは目の前に作品がある。これは、もっと臨場感を持って話すことができるというプラスの面もあり、目の前にないものはできるだけ話してはいけないという縛りの側面があります。また、ディズニーランドのジャングルクルーズの船長のわくわく感を高める話し方も参考になります。

──心掛けていることは何ですか？

　まず、遅刻しないこと。遅刻したら、ガイド人生は終わります。電車の遅延も理由にはなりません。とにかく、お客様に不快な思いをさせないことが肝要です。旅程を確実にこなしたうえで、最後に、楽しんでもらいたい。何かを感じてもらいたいと考えています。

──うまくいっていないガイドに足りないところは何ですか？

　フランスのガイド資格保持者は、高学歴で知識の豊富な方が多いです。私より経験も、知識もふんだんにお持ちの方がたくさんいらっしゃる。もし、彼らのガイドがうまくいっていないのであれば、知識をいかに面白く、リズムよく伝達するかを十分に考慮していないのが原因だと思います。観光客に対し、教師のようにふるまい、自分の知識の羅列、あるいは知識自慢になってしまうと、面白さは半減してしまいます。

　また、フランスのガイド資格保持者は、フランス語に習熟し、フランスの大学の学位を持っているため、プライドを持っている方が多いですね。自分の知識に誇りを持つことは重要なことですが、態度が高圧的になったり、悪くなったりしては、聞いている旅行者は不快になりますから、注意が必要です。

　フランスのガイドは、サービスが悪い、と言われることがありますが、この件は、実は根が深い問題でもあります。現場のガイドによく聞く話ですが、下手にサービスしてしまうと、添乗員から料金に入っていないようなことも要求されてしまうため、適切なサービスのバランスが難しいのです。自分だけならいいですが、自分がある添乗員に過剰にサービスしてしまうと、「前回○○さんはやってくれた」と他のガイドにも同じサービスを要求されてしまうため、ガイドの同僚にも迷惑が及んでしまうのです。結果、サービス精神を発揮したい人は発揮できず、サービス精神を発揮したくない人は、現状維持できるような、悪い環境があります。

――お客様に喜んでいただけるガイドに必要なことは何ですか？

　残念ながら、これからは徐々に「ガイド」という職業はなくなっていくのではないかと考えています。AI が発達し、スマートフォンがガイドの代わりをしてくれるようになるでしょう。

　そのような将来展望のなかで、現状は、たとえ大きな喜びの声をもらっても、給料は変化しません。反対にクレームがあれば、周りに迷惑をかけ、仕事をもらえなくなります。すなわち、「感動させるガイディング」よりも、「クレームが起きないガイディング」のほうが求められるという悲しい現実があるのです。

　さらに、ガイドを「選択制」にすると、手配する会社に負担がかかることから、旅行会社的には「ガイドをお客様に選ばせない方がいい」と判断されてしまうのです。

　また、ガイドは、新米でもベテランでも料金は同じであることから、年齢を重ねて、体力温存のために実施回数を減らすとそれだけ収入は減っていく。ということで、ガイドは、いいガイドになる「理由」が見いだせないのです。このような状況下では、ガイド自体がなくなっていくのではないかと考えざるを得ません。

　それでも、「このガイドさんにお願いしたい」といってもらうためには、自分のファンになってもらうしかないと思います。

――次世代の人材に伝えたいことがありますか？

　ガイドというのは、知識を見学者と共有することで、見学者の感動を倍増さ

せる素晴らしい職業だと思います。ただ、次世代に「ガイド」という職業がそもそもあるのだろうかと真剣に考えてほしい。スマートフォンが完璧な知識で世界中をガイドできる時代、スマートフォンのAIガイドにはできない、自分にこそできることは何かを見つけてほしいのです。それは、自分の個性を磨くことかもしれないし、他の何かかもしれない。大量消費、団体旅行、パッケージ旅行の衰退とともに、専業「ガイド」という職業はなくなり、その代わりに、ガイドと他の仕事との「兼業」になっていくのではないかと考えます。たとえば、YouTuberとガイド、カメラマンとガイド、ジャーナリストとガイド、アートライターとガイド、アートバイヤーとガイド等、ガイド業それ自体は不安定ではありますが、兼業することで、自由度が高めな仕事として残るのではないでしょうか。

──旅行会社との関係性をどのように考えますか？

　現状では、ガイドを受けたい人とガイドとの間に人が介在しすぎてはいないか、そして、これらの人はみな必要なのだろうかと考えています。

　あくまでも目安ではありますが、ひとつの考え方として、日本の旅行会社の仕入れ値と比較して、ガイド、アシスタントが最終的に手に残るのは約4分の1程度になると思います。

　在パリの日系オペレーター（現地手配会社）は、過去には「お抱え」ガイド、アシスタントが多数いましたが、「給料明細を出す＝正社員」と同じ扱いとなり、さまざまな労務問題を抱えることとなって、ほとんどの会社では社員ガイドはいなくなりました。

　旅行会社のどこが必要で、どこが不要なのか、集団だからこそできることもある。その良さをいかしつつ、いかに悪いところをなくせるかがこれからの旅行会社との関係性で考えていかなければいけない点だと思います。

──ガイド教育のあるべき姿を教えて下さい。

　美術史のある学校がガイド養成校となっています。ガイドは目の前に作品がある。だからこそ、その作品を語らなければなりません。ストーリーテラー（語り部）としてのトレーニングが必要なのです。関係ないことを話すのはダメで、見えないものが見えるようになる、これがガイドの真骨頂だと思います。

　ガイドしやすい環境には、ハード面の整備も含まれます。観光まちづくりとは、街の景観をできるだけ残すことはもちろん、それだけでなく、ガイドが立ち止まって話をする場所の歩道を拡張であったり、説明しやすいようなパネルを建てたりすることも大切な事項です。

（2）特定非営利活動（NPO）法人日光門前まちづくり　岡井　健氏

インタビュー②　NPO法人　日光門前まちづくり理事長　岡井　健氏

特定非営利活動法人日光門前まちづくりは、地域の自治会代表のワーキンググループで、街並みの検討や「まちづくり規範」を作成した際、規範を運用する実働組織として 2006年に設立された。岡井健氏は、同法人で理事長を務め、地域の魅力発信に尽力している。

祭りのまち。前列中央が岡井　健氏

――どのような活動をしていますか？

　「街並みづくり」は、どうしてもハードの議論になってしまいますが、「まちづくり」は、ソフトの面での活動が求められます。そのため、さまざまな企画の実施や、当初から埋もれていた地域の魅力を発掘し、まちあるきのガイドツアーを行ってきました。日光は「『祭り』のまち」というテーマでまちづくりを進めていることからも読み取っていただけると思いますが、数多くの「祭り」が現在まで継続して行われています。これを今後も世代を越えて伝えていくためにも、祭りをテーマとしたまちあるきガイドツアーもラインナップに加えていくこととなりました。

　いま、日光の門前町では地縁で生まれ育った人たちだけの商売ではなく、新たに賃貸で商売をする人が増えてきています。確かに、空き店舗が少なくなっていいのですが、多くのケースでは町内会等の地元の活動へのコミットが少ないので、地域としてはそれでいいのか、と考えてしまいます。

　現在でも地元の若手で地域づくりに積極的な人は、日光青年会議所（JC）に加入している人が多いのですが、いまから約30年前当時のJCでまちの将来に不安を持った人たちが行動を起こしたことから、NPOを始めとする現在

のまちづくりにつながりました。しかし、私自身は、地元に根ざして既存組織よりも小回りが効くNPOは、持続的なまちづくり活動を行うにも具合がいいと思っています。我々のNPOはみんな本業を別に持ちながら活動している組織ですが、現在も当時のJCのOBたちに参画していただいています。生まれ育ったこの日光という街を愛し、深く知ってい

日光弥生祭の様子

るからこそ、ガイドとしても観光客に対してその魅力を伝えることができると思います。

──ガイド職の魅力・やりがいを教えて下さい。

　お客様の反応がダイレクトに伝わることです。伝えるためには、まず自分が学ばなければなりませんよね。ガイドをやることで、本来なまけものの自分も

図4.1　岡井氏が活動する日光門前東町地区の「祭り」

（出所：岡井　健）

学ぶモチベーションになっています。ガイドをすることでスイッチが入る感じです。

「知る楽しみ」を参加したお客様と共有していく楽しさもあります。一緒に体験していくスタンスでやっていますので、ガイド側からの伝え方として、「知らないことは悪いこと」という考え方では良くありません。あくまでも、楽しんでいただくことに注力すべきだと思っています。

NPO日光門前まちづくりの岡井氏（左）と小池氏（右）

（出所：島川崇）

——目標としている人はいますか？

長崎さるく[1]を仕掛ける、長崎コンプラドールの桐野さんという方です。数年前に、我々の団体の事務局の小池事務局長と一緒に、長崎さるくのツアーに参加して、「日光に必要なのはこれだ」と直感しました。一般的なボランティアガイドツアーではなく、サービスとして成立し、なおかつある分野に突出した得意分野を持つガイドの特色を活かしたコースの方がお客様のニーズにハマる、ということがわかったのです。また、まいまい京都[2]は、人に焦点を当てたコースづくりが上手です。仕組みやコースづくりの参考になります。

また、話し方については、個人的には落語を参考にしています。以前、日光観光推進協議会主催の講演会でプロの落語家さんに「話し方」や人への「伝え方」のコツについての話を聞く機会があったのですが、面白かったですね。落語家の方は、ガイド団体等からの講演依頼は少ないとおっしゃっていました。もったいないですね。

——心掛けていることがありますか？

ガイドの現場では、テンポとポイントを押さえた話し方をすることを心掛け

---

[1] 「さるく」とは、まちをぶらぶら歩くという意味の長崎弁で、長崎の着地型まち歩き観光を「長崎さるく」として、特にガイド付きでまち歩きツアーを実施している。

[2] まいまいとは「うろうろする」という意味の京都弁で、独自の視点を持つユニークな京都の住民がガイドする京都の着地型観光。

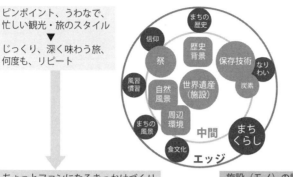

ピンポイント、うわなで、
忙しい観光・旅のスタイル
▼
じっくり、深く味わう旅、
何度も、リピート

まちの歴史
信仰
祭
歴史背景
保存技術
なりわい
風習慣習
自然風景
世界遺産（施設）
炭素
まちの風景
周辺環境
中間
まちくらし
食文化
エッジ

ちょっとファンになるきっかけづくり
・人との出会い
・知らなかったコトとの出会い
・特別なコト（体験）や空間・風景

施設（モノ）の話になりがちだけど…
コア（世界遺産）をより輝かせるには
中間とエッジが大切！
ではなかろうか?!

図4.2　世界遺産をより輝かせるための「中間」と「エッジ」
（出所：岡井健）

ています。ポイントを押さえようと意識すると、自ずとセンテンスは短くなり、テンポを作ることもできます。「あれもこれも言わなきゃ」という感じになると、その途端に「読み上げ」になってしまいます。説明は、なるべくシンプルにすることが大切だと思います。

　話し方だけでなく、コースづくりでも、この発想が大切です。ポイントを先回りしてコースを作っていくと、お客様の満足度が高くなります。

——うまくいっていないガイドに足りないところは何ですか？

　話が長いことが問題となっている場合が多いのではないかと思います。お客様の顔色を見すぎてもいけないですが、往々にして、話が長すぎる傾向にあるようです。そして、抑揚がない。抑揚がないとお客様は途端に飽きてしまいます。結果、お客様の方が「聞いてあげている」、という関係性になる。お客様の方がボランティアになっている。誰のためのガイドなのか、という基本的なことがわかっていないのだと思います。これでは、本末転倒です。

——次世代の人材に伝えたいことがありますか？

　移住者や新規出店者などの新しい人へ向けた門前町を紹介するような、まち

づくりと連動したガイドツアーを展開してもらいたいです。あとは、基本的なことは学びつつ、自分の好きな分野を突き詰めるのが良いと思います。まずは、自分が楽しいと思えることを伝えるべきだと思います。もちろん、お客様にお話するためには「場数」は必要だと思いますが、ルーティンやマンネリになる可能性もあり、難しいところです。

「定番のギャグ」もありますが、キャラクターによりますね。落語なども言い古されてはいますが、でも面白い。これは、お客様との距離感によるところがあるのではないか、と考えています。

——旅行会社との関係性をどのように考えますか？

門前の町衆の中には旅行会社のOBなどもいて、つながりはあり、時々団体旅行のコースの一部を発注いただきます。現在のコロナ禍ではプライベートツアーくらいしかできませんが。

——ガイド教育のあるべき姿を教えて下さい。

既存のガイド人材育成の勉強会は、歴史の講座ばかりを開講しているように見えます。ガイドに本当に必要なものは何なのかが、私たちも行政もまだまだわかっていない気がします。基本は歴史なのですが、「サービス」としての伝え方や姿勢、どのように見えるのかということがわかっていないのです。ガイド教育に関してはそのへんが課題ではないかと思います。まずは「やりたい」と思って手を挙げる新たな人が出てこなければ次世代にバトンは渡せませんよね。

NPO法人日光門前まちづくりは、JCのOBの人びとがJCを卒業後も街の活性化に貢献したいとの思いをうまく生かして、地元ならではのユニークな着地型観光プランを提供している。そこには、行政からのお仕着せややらせは感じられない。地域愛の強さは、祭りが頻繁にあることによる結束力によるものではないだろうか。

（3）宮古観光文化交流協会「学ぶ防災」 元田 久美子 氏

インタビュー③ 宮古市観光協会「学ぶ防災」 元田 久美子 氏

（一社）宮古観光文化交流協会による「学ぶ防災
ガイド」は、東日本大震災により甚大な被害が
出た田老地区の当時の状況を伝えることで、震
災の恐ろしさ、命の大切さを伝える震災ガイド
です。元田久美子氏は、この未曾有の震災を経
験した人が伝えなければいけないとの使命感を
感じ、震災ガイドとなりました。

田老の防潮堤跡前でガイドをする
元田 久美子 氏

──ガイドになったきっかけを教えて下さい。

　2011年3月11日、東日本大震災発生のとき、浄土ヶ浜の遊覧船の受付業
務に従事していました。当日はオフシーズンで、遊覧船は団体利用しかなく、
14時発の遊覧船が40分で発着場に戻ってきたのですが、その直後14時46
分に地震に遭ったのです。すぐに船を沖出ししたので、遊覧船は守ることがで
きました。

　遊覧船の受付業務をする前は、岩手県北バスのバスガイドをしていたことも
あり、震災の約1年後に観光協会から「震災ガイドをやってみないか」とい
う話をいただきました。けれども、親族も震災で犠牲になっていることから、
辛かったので、そのときは一度お断りしたのです。ただ、その後何度も電話を
いただき、この未曾有の震災を経験した人が伝えなければいけない、との使命
感を感じて震災ガイドになりました。

──ガイド職の魅力・やりがいを教えて下さい。

　この仕事の魅力は、バスガイドをしていたときから、自分はたった一人だけ
ど、一度きりのお客様の思い出の中に残る素晴らしい仕事であると感じていま
した。震災に関しては、決していい思い出になるものではありませんが、人が
震災を経験したことで「何を感じたか」を伝える大切な仕事だと考えていま
す。この「感じ方」というものを大切にしたいと考えています。

──**目標としている人はいますか？**

　自分が修学旅行に行ったときのバスガイドさんが目標です。その人の存在に憧れて、バスガイドになりました。そのガイドさんは、「リンゴの唄」を京都弁で歌ってくれて、それが、とても心に残っています。そのことから、いろいろな人の心に残る仕事なんだな、と憧れました。

──**心掛けていることがありますか？**

　震災ガイドになった当初は、話すことだけで精一杯でした。あれもこれも話さなきゃ、と思うと余裕がありませんでした。いまでは、3月11日の体験を一方的にしゃべるのではなく、「あの日、皆さんはどうだったか」と問いかけるようにしています。対話をすることで、「知りたい」という思いが生まれ、共感につながると思います。

　また、初心に返って、わかりやすく話すことを心掛けています。そのためには、こちらから一方的にどんどん話すのではなく、お客様と自分との間合いが大切です。基本的に、子どものお客様も大人のお客様も同じです。この街がどうなるのか、過去だけでなく、未来を語り、前向きな話をしています。

──**うまくいっていないガイドに足りないところは何ですか？**

　相手のことを考えていない、自分の知識だけを伝えようとする、だから、上から目線になる。生徒たちに対して「ちゃんとメモしておいてね」という人がいますが、メモを書いていると、話していることが抜けるのです。数字などはパンフレットを見ればいいので、「後でパンフレットを見てね」で構わないと

思います。お互いに目を見て、心で聴けるような関係を築いていけばいいのではないでしょうか。お客様を想像の世界に持っていくことができるかどうかがガイドの力量だと思います。

　とにかく、お客様に喜んでいただけるガイドであり続けるためには、毎日全力投球で臨むことが重要です。

未来の文字が象徴的な学ぶ防災のユニフォーム

（出所：島川崇）

——次世代の人材に伝えたいことがありますか？

　自分が理解できていないものは伝わりません。自分がまずしっかりと把握して、自分の言葉で伝えていく必要があります。お客様からは意表をつく質問をされることがありますが、それに対しても的確に答えなければならりません。

　バスガイドになりたてのころです。岩手県は広いため、バスでの移動時間が必然的に長くなります。その際に、説明することがないと、すぐ「お休みください」と言ってしまったのでは、心に残るガイドにはなり得ないと先輩から教わりました。たとえば、コーラの空き缶が落ちていたらそれで話せるようにならないといけない。山の緑が美しかったら、それを語る。目の前のことを語れるガイドになってほしい。自分の言葉で、目と目を合わせて語れるようになってほしいと思います。

——旅行会社との関係性をどのように考えますか？

　旅行会社を経由しての受注も多いです。これからは、さらに関係を深くしたいですし、コロナ禍が収まったら、旅行会社回りもしたいし、下見にも来て欲しいと思っています。

——ガイド教育のあるべき姿を教えて下さい。

　他のガイドがどんな案内をしているのかを見せる必要があります。独り立ちしてからは先輩のガイディングを見る機会がなくなってしまいます。そして、その先輩の方も「あまり見られたくはない」と思っています。そこを敢えてガイディングを見せ合う必要があると思います。

（4）鎌倉力車　池田 理文 氏

インタビュー④　鎌倉力車　池田 理文 氏

鎌倉力車で代表を務める池田理文氏。1 人でも
多くの方に鎌倉観光を楽しんで頂くきっかけに
人力車を利用して頂きたいという思いと、最高
の思い出とそれが何十年先も続くような、究極
のおもてなしを目指して、日々人力車を引いて
います。

この笑顔のファンも多い池田 理文 氏

──ガイドになったきっかけを教えて下さい。

　鎌倉駅前に立って、電車から降りてきた観光客に声をかけて人力車の魅力を
伝えています。人力車に乗りたいと思って来る人は多くはいませんから、この
一瞬に魂を込めて、お客様と会話します。

　前職がサラリーマンだったので、給料制でしたが、この人力車は歩合制で、
頑張った分だけ収入が増え、報われるというところに魅力を感じました。高校
時代は、東海大相模高校の野球部で鍛えられましたから、頭よりも体を使いた
いと思っていました。また、鎌倉が好きだったこと、寺が好きだったことか
ら、それらをすべて満たすことができる人力車に魅力を感じ、この世界に飛び
込みました。

──ガイド職の魅力・やりがいを教えて下さい。

　お客様に喜んでいただける。感謝していただける。サラリーマン時代と比較
してこんなに感謝されることはありませんでした。人から認められる実感があ
り、これが生きていることの実感につながっています。それで余計にもっとお
客様、社会に還元しなければいけないとの気持ちになりました。

──目標としている人はいますか？

　サッカーの三浦知良です。キングカズと呼ばれていますが、カズは 50 歳を
過ぎたいまでも上手くなりたいと心から願っている。いまに安住しないという

気力がすごい。人間の成長の基本は気力であると思います。

──心掛けていることがありますか？

　小学生にでも飽きないようなわかりやすさや楽しさを目指しています。たとえば、小学校3年生は「鎌倉幕府」といってもわからない。そのなかで、どうやったら魅力を伝えられるかが大切だと思います。「側室」といっても表現することが難しく、いまで言う愛人とも少し違う。イメージしてもらうことで、説明にならないよう、物語を話すように話す。説明になったらつまらないです。歴史に詳しい人は習ったとおりに話しますが、もっと歴史上の人物を語るうえでも、その人の奥様の愛とか、徳川家康の人間的なエピソードを話すことで、身近な存在に感じることができるようにしています。歴史上の出来事の羅列よりも、想いを大切にしていきたいと思っています。

　また、人力車を利用される方は、リピーターと一見さんの割合が、だいたい1：9くらいで、一見さんが圧倒的に多い。月に50から60件の仕事があるなかで、指名は5から10件くらいです。観光の世界では、リピーターの重要性を強調されることが多いですが、この仕事をして実感することは、一見さんに鍛えられる、ということです。一見さんに喜んでいただければ次にリピーターになる。リピーターも最初は一見さんである。初めて会うお客様に、どうやったら乗ってもらえるのだろう、どうやったら楽しんでもらえるのだろうと、あれこれ考える。そのお客様の、いわゆる「やる気スイッチ」がどこにあるかを探すことを心がけています。

──うまくいっていないガイドに足りないところは何ですか？

　お客様に「このガイドの話を聴いてみよう」と思ってもらえていない。人を惹きつけるためには、間合い、話すスピード、身振り、手振りが大事だけれども、何よりも、自分の心の根底に、目の前のお客様をどう楽しませるかという熱があるかどうかが大切です。いくらテクニックがあろうと、その熱がなければ失敗する。適当に手を抜いて金をもらえればいいやとか、鎌倉検定1級持っていればいいとか、そういうことでは面白い話はできません。考え方が自分中心だと、相手が何を望んでいるのか気づかない。お客様に質問を問いかけるときも、自分の領域で自分の知識を披露するための質問になっているときがあって、お客様のために質問していないのだと思います。

——お客様に喜んでいただけるガイドに必要なことは何ですか？

東海大相模高校時代の野球部の監督の話ですが、精神の限界が先か、体力の限界が先かといったら、だいたい精神の限界が先にきて、「倒れちゃうよ」と精神がブレーキをかける。きついなと思った瞬間にガクンと落ちるのですが、それは体力が落ちているのではなく、気力が落ちている。気力が落ちなければ、体力が落ちてもまだ平気でいられる。気力が大事だと思います。

——次世代の人材に伝えたいことがありますか？

思ったことは全部やれと伝えたい。人力車なんて、もともと乗りたいと思っていない人が大半です。そのお客様の気持ちを変えることはものすごく大変なことです。自分の思ったことすら行動に移せない人が、他人の行動を変えることなんてできません。頭で思ったことを行動に移せていない人は多いと思います。やろうと思っても、心と体に乖離が生まれている。それがあっているかどうかは別に関係ない。まずは、思ったことを全部やると決めたことを実行できるようになることが大事です。その点、子どもは思ったことをすぐやる。そのような素直な気持ちこそが大切だと考えます。重要なことは、素直、愛嬌、向上心です。

——旅行会社との関係性をどのように考えますか？

現在、旅行会社との契約はしていません。ホテルのオプショナルツアーの契約はありますが、今後は、旅行会社に期待しています。個人だと楽しみきれないから、またパッケージが見直されるはずだと考えています。個人だとできないことを実現するのが旅行会社のこれから生き残るポイントだと感じています。

——ガイド教育のあるべき姿を教えて下さい。

研修が、資料を読んでいるだけというものが多いように思います。研修自体がつまらない。どう相手に伝えるかが大切なのに、資料を覚えてそれを現地で覚えているかどうかを確認することにとどまっている。そのような研修を受けても、結局書いていないことは話せません。ガイディングは、何を喋るかよりも誰が喋るかが大事だと考えています。そのためには、何を喋るかに注力したいまのガイド研修では不都合で、その人の良さを出せる研修こそが必要です。自分らしい伝え方というのがあり、それを制限したら面白くありません。アド

リブこそが面白い。ガイディングも決まったことをやるだけだとお客様の満足度は低く、決まったことを言っているから聞き手の飽きにつながっているのだと思います。

4.3　バスガイド

（1）てぃーだ観光　崎山 真弓 氏

　2012 年 4 月に発生した関越自動車道の高速ツアーバス事故以来、貸切バスに多くの規制がかけられることとなった。行き過ぎた価格競争が事故を招いたとして、いわゆるどんぶり勘定ではなく、規則に則った販売活動が求められるようになった。その結果、運賃・料金の内訳が明らかになるようになり、価格を下げるためにバスガイドを省くような契約が増加した。特に地方ではバスガイドはこの関越道事故に伴う規制強化の前後で一気に衰退し、あるバス会社では現在ではバスガイドの受注が 1 割にも満たないような状態になったという。バスガイドの受注が減少しているのは、沖縄も例外ではない。沖縄の貸切バス需要は旺盛な修学旅行需要に支えられているが、近年では修学旅行も価格競争が激しくなっており、そのあおりを受けて、最初の日と最後の日だけバスガイドをつけて、途中の行程はバスガイド抜きで実施するといった受注も増えてきている。

　そのようななかで、バスガイドを削減してコストカットし、安値受注に至るのではなく、逆にバスガイドの重要性を訴え、バスガイドがあるからこその選好性を高める独自の取組みを実践しているバス会社がある。伝説のバスガイドで、自身が実際に理想を求めてバス会社を立ち上げた崎原真弓氏のてぃーだ観光である。

　崎原氏はバスガイドとしてキャリアを重ねるなかで、いままでのありきたりのマニュアルを暗記しただけのガイディングでは必ずお客様からそっぽを向かれるとの強い想いから、バス会社から離れてフリーとなり、価値観を共有できるガイド仲間でガイドクラブを立ち上げた。しかし、会社中心で回っているガイド業界においてフリーに対する風当たりは厳しく、さまざまな困難に直面することとなった。しかし、そこでめげることなく、沖縄の心「ちむぐくる[3]」を伝えたいという強い想いで、関係各所を回って、ガイドの重要性を伝えた。折

---

[3]　漢字では「肝心」と書く沖縄の方言。人の心に宿る、より深い想い。

しも、9.11世界同時多発テロの影響で、せっかく入った予約もキャンセルが相次いだが、地元の福祉施設で歌を歌ったりして、地道な活動を続けることで、まず地元から共感の輪が広がってきた。

　崎原氏のガイドは、「ぬちどぅ宝（命は宝）」、「いちゃりばちょーでー（一度会えば兄弟）」、「まことそーちーねー、なんくるないさ（誠に生きていればなんとかなるさ）」といった沖縄に根差した先人たちの生き様を、未来を担う世代に伝えていくことである。特に、戦跡を訪問する前に、その戦跡にまつわる話を、おばあの装いで、おばあになりきって語る。そのことで、戦跡に到着してから、現地で専属のガイドが話をしても、それが他人事にならずに耳に入ってくる。もちろん、沖縄は青い海と空、白いビーチという明るいイメージで世界中から観光客を惹きつけているが、いまのこの平和な沖縄に至るまでの背景や見えない想いを伝えることで、表面だけでない沖縄観光の奥行きを感じることができると好評を博している。

インタビュー⑤　てぃーだ観光　崎原 真弓 氏

「ぬちどぅ宝（命は宝）」、「いちゃりばちょーでー（一度会えば兄弟）」、「まことそーちーねー、なんくるないさ（誠実に生きていればなんとかなるさ」といった沖縄に根差した先人たちの生き様を、未来を担う世代に伝えていくことをモットーに、だれに対してもわかりやすく共感できるガイディングを実践しています。てぃーだ観光では、そんな崎原さんの思いに共感した若いガイドが続々と生まれてきています。

崎原 真弓 氏

――ガイド職の魅力・やりがいを教えて下さい。

　いろいろな人に出会えることが一番大きいです。そして、知らないことを知ることができる。ガイドをすることで、人に感動を与えられる。一回の旅で、共に泣き、共に笑って、自分もお客様も人生が変わる。このように、心で心が通じ合ったとき、人は無力ではないと実感することができます。人はなぜ感動するのだろうと常に考えて日々を過ごしていたら、小さいことにも意識が向くようになります。

──目標としている人はいますか？

　80歳過ぎで現役で活躍している空手の先生です。この先生は、精神性を重視しています。ガイディングを構築していくなかで、沖縄の心を伝えるためには、琉球空手を取り上げることが多かったのです。そこで、自分も実際に習ってみようと思い、そこで先生と出会いました。空手は、型から覚えていきますが、物事を伝えるためには、根底が大切だということが理解できました。また、表裏がない態度というのが大切だと思います。沖縄の言葉で「やーなれ、ふかなれ（家の慣れは外の慣れ）」といわれているように、気を抜いた瞬間に素が出てしまいます。「見ていないから大丈夫」といった発想はよくない。いい習慣を常に持つことが求められます。家族内でもきちんと挨拶することで、お客様の前でも自然にできるようになるのだと考えています。

──心掛けていることがありますか？

　文化の真髄にある魂が人を感動させるのだと思います。だからこそ、平和、礼節、命、自然への感謝を持って、精神性を大切にしていく。先人の想いに触れ、奥にある見えないものの存在を知る。先祖と命がつながっているということを感じていれば、風が吹いて喜んでくれているのがわかるようになります。

──うまくいっていないガイドに足りないところは何ですか？

　身だしなみ、姿勢、歩き方、挨拶、表情、笑顔、どのタイミングでも言葉も柔らかい言葉を使う。習慣化されていないとそれはできません。

──お客様に喜んでいただけるガイドに必要なことは何ですか？

　健康であること。新しい学びを続けていくことです。これからはオンライン動画配信などにもチャレンジしていきたいと考えています。

　人類は平和でないといけない。一人ひとりの意識と行動が平和につながると思います。物事をネガティブに捉えず、ピンチはチャンス、マイナスをプラスにと

おばあになりきってガイディングする
崎原氏

（出所：島川崇）

心を操縦する。過去と他人は変えられないけれど、未来と自分は変えられます。

──旅行会社との関係性をどのように考えますか？

担当者はもっと事前に情報をすり合わせる必要があると思います。直前にドタバタするのではなく、もっと打ち合わせを深めておく必要があります。

──ガイド教育のあるべき姿を教えて下さい。

いままでは、「読み合わせ → シナリオ暗記 → チェック」のみでしたが、ガイドの表情を鏡で見て、立ち方や姿勢にも気を配る。先輩のガイディングをとにかく見て、台本だけでないお客様とのやりとりや空気感、距離感を感じる必要があると思います。

4.4　添　乗　員

（1）日本旅行　平田　進也　氏

インタビュー⑥　　日本旅行　平田　進也　氏

大学時代、テレビ番組『ラブアタック！』に出演、みじめアタッカーとして名を馳せた。何時間でも喋ることができるその話術を生かすために、日本旅行に入社、実際に添乗員として乗務した際、この仕事は喋りだけでは通用しないことを思い知る。土地勘、駅の構内の構成、弁当の積み込みのタイミング、観光地の知識など、多岐にわたる業務に関わりながら、現在はファンクラブ会員２万人を数える名実ともにカリスマ添乗員となって発売するツアーはいつも即完売である。

平田進也氏の爆笑旅の１コマ

──添乗員になったきっかけを教えて下さい。

何時間でも喋ることができるその話術を生かすために、日本旅行に入社しました。入社して、実際に添乗員として乗務した際、この仕事は喋りだけでは通用しないことを思い知りました。土地勘、駅の構内の構成、弁当の積み込みの

タイミング、観光地の知識など、添乗員の業務は多岐にわたるのです。そこで、せめてもの気持ちで、一生懸命お客様のリクエストを聞いてまわったり、宴会場でスリッパを揃えたりといった小さなことからコツコツと積み上げていくようにしました。そうしたら、お客様の一人から「あんた、添乗員としては失格やけど、気遣いは立派なもんや。」と言ってもらえたのです。それで、とにかく、何よりもお客様を大切に思い、寄り添うことを徹底することにしたのです。そして、近江商人のように、「売り手よし、買い手よし、世間よし」の三方よしの考えで、人のためにできる限りのことをしようという発想に至りました。

──添乗員の魅力・やりがいを教えて下さい。

あなたに会えてよかったと思ってもらえること。添乗員は、すぐにお客様の反応を見ることができます。喜んでいただくことにとにかくこだわって、尽くして尽くしてやっていくことに大きな魅力を感じています。

──目標としている人はいますか？

日本旅行伊丹支店の先輩です。しかし本当の目標は、日本旅行創業者の南新助です。南は草津駅の駅弁販売から高野山参拝、伊勢神宮参拝、善光寺参拝を企画し実行した方です。これは単なる旅行業のルーツ、団体旅行のルーツというだけでなく、最初から移動に「感動」を付け加えたのです。列車の中で神楽をやったり輪転機を使ってパンフレットを作ったり、とにかく人を喜ばせる基礎はここにあると考えています。

──心掛けていることがありますか？

一生懸命であることです。そして、「初心を忘れるな」ということを肝に銘じています。慣れると、こじゃれてくる。業務として「流す、こなす」ようになる。さらに「俺の話を聞け」と上から目線になる。いつでも、寄り添う気持ちと気遣う心を忘れないように心がけています。

──うまくいっていない添乗員に足りないところは何ですか？

お客様を和ませてない。とにかく和ませることが大事です。

添乗員は、オーケストラの指揮者に似ていると思っています。オーケストラ

の指揮者は、団員からの信用が大事であるのと同じく、添乗員もお客様からの信用があって初めて成り立つのです。

——お客様に喜んでいただける添乗員に必要なことは何ですか？

　自分が青春と思える間は青春です。年齢は関係ない。自分もトライ・アンド・エラーをいまだに繰り返しています。ミスしたらまたやったらいい。諦めは「毒」、夢は「薬」です。自分がいつまでも若い気持ちを持ち続けられるかで決まってくると思います。

　そして、人の情は変わらない。人の温もりは、インターネット＜電話＜手紙＜対面の順です。答えはすべて現場にあって、いい縁は切れません。自分の一生は自分自身が決める。自分の価値を認めてくれる人がいる。それがお客様だと思います。

——旅行会社との関係性をどのように考えますか？

　旅行会社は、もっと添乗員の知見を生かすべきだと思います。分業化が行き過ぎていますが、ツアーを一連でやったら、「締め」あるいは「仕上げ」は添乗員の仕事だと思います。情を通わせる場が必要です。

——添乗員教育のあるべき姿を教えて下さい。

　成功の事例を見せていないことが多いです。成功事例を見せて、褒める、褒められる経験を積むことが肝要です。

（２）ジャルパック（TEI 派遣）山中　浅子　氏

> ### インタビュー⑦　ジャルパック（TEI 派遣）山中　浅子　氏
> 日本初の海外パッケージツアーとして誕生してから愛され続けている「ジャルパック」。山中氏は添乗員として、世界各地を周ってガイドを行うなど活躍している。
>
>
>
> ヨーロッパを案内する山中　浅子　氏

──添乗員になったきっかけを教えて下さい。

　米国留学をした経験から、語学には堪能だったので、最初は商社で勤務していました。その商社で、日本初の海外添乗員の「ホリデイガールズ[4]」という仕事をやっていた人に出会ったのですが、話を聞いていくうちに、その仕事をやってみたいと思い、ジャルパックの添乗員に転職したのです。

──添乗員の魅力・やりがいを教えて下さい。

　もともと人の役に立ちたいと思っていました。添乗員は、バラエティに富んだ人たちに会えることが魅力です。また、歴史、経済、地理等知識欲が次つぎに連鎖的に湧いてきます。この知識がつながるとまた面白いのです。羽田空港や成田空港に到着して、お客様に「楽しかった」と言われると、疲れが吹き飛びます。お客様から直接お礼を言っていただけるのがこの仕事の醍醐味です。人生で一番楽しいときをご一緒できるという仕事。印象深い旅はこれからもずっと記憶に残る。それをご一緒できるということの喜びは大きいです。

──目標としている人はいますか？

　伝説の添乗員といわれる、富井道子さんです。現在86歳ですが、現役で添乗をされています。もともとこの方は、早稲田大学のワンゲル部から証券会社に進み、貨物船で世界一周した強者です。ジャルパックで添乗をし、その後独立しました。とにかくお客様のために尽くす人です。かつて、添乗中のバスがレマン湖畔で渋滞し、100m前の橋で乗るはずの遊覧船が出航てしまった際に、咄嗟の判断でバスを降り、走って行って手を振って船にアピールをしたところ、船が帰ってきたというエピソードを持っています。

──心掛けていることがありますか？

　お客様に対しては、全員にできるだけ平等に接したいと考えています。特に、欧州はホテルの部屋の大きさやグレードが不統一なので、それがもとでお客様に不公平感を抱かせる可能性があります。バスの席も譲り合って、できる

---

[4]　海外旅行の黎明期においては、添乗員は男性ばかりであったが、1972年、近畿日本ツーリストが自社の海外パッケージツアー「ホリデイ」の添乗員に女性を導入した。その添乗員のことをホリデイガールズといった。歴史あるパッケージツアー「ホリデイ」も2021年3月に販売終了した。

だけ平等にしたい。お客様は我慢させられている、と思ってしまうといけないので、言えば気が楽になるから、気がついたことがあったら私に言ってくださいというようにしています。

　添乗員は、前に立って引っ張る仕事ではありません。目配り、気配り、心配りが常に大切です。「水が欲しい」とか、「ナプキンが欲しい」とか、言われる前に気づくようにならなければなりません。

　また、スマートな案内を心がけています。15分先をシミュレーションすれば、いま何をすべきかがわかります。その意味で、だらだらとお客様を待たせない。お客様を待たせるときは、なんのために待たせるのか、どのくらい待つのかを告げる。もし長くかかりそうなら、フリータイムやお手洗いタイムを設ける。焦るときほど、お客様には冷静に、安心を届けるようにしています。

——うまくいっていない添乗員に足りないところは何ですか？

　信頼と笑顔がない。信頼を得るためには、絶対に遅れないことが肝要です。自由行動で訪れた店が休みだった、ということがないように、常に事前に調べておきます。適当な思いつきで案内しない。チャンスは1回だからこそ、細かいところまで気を配るのです。

　どんなに怒っているお客様にも笑顔を絶やさない。感動を共有し、一緒に感動することが大切です。

　また、リピーターにも一見さんにも平等に対応する。一生懸命対応することで信頼が生まれます。

——お客様に喜んでいただける添乗員に必要なことは何ですか？

　まず健康が大事です。そして、初心を忘れない。純粋さを忘れない。人には100％の悪はありません。怒りっぽい人でも笑顔の部分は必ずあり、そこだけを引き出せばいい。私はツアーの最初に参加したお客様にメモ用紙を渡し、このツアーで実現したいことを書いてもらっています。お客様は、映画のシーンを見てみたい、これを買い物したいなど書いてきます。このメモに書かれた細かな希望を聞き、それをそれぞれひとつは実現できるように工夫しています。これは、これからも継続していきたいと思います。同じ都市に行っても、新しいレストランや博物館等を見つけたいなどと、何歳になっても好奇心を忘れずにやっていきたいと考えています。

─ 一次世代の人材に伝えたいことがありますか？

　添乗員の社会的地位を上げたいと考えています。プライドを持ってレベルを上げたいと思います。

──旅行会社との関係性をどのように考えますか？

　添乗員は、会社側とお客様側のバランスを取ることが大切なので、ある程度現場に任せるためにも判断の権限を持たせてほしいと思っています。また、添乗員が感じたことを企画にもっと反映してほしいですね。

──添乗員教育のあるべき姿を教えて下さい。

　ケーススタディがあると良いと思います。シチュエーションを想定して、どうするかを討議する。また、先輩の経験談、特に失敗談は参考になります。

（3）阪急交通社（TEI 派遣）　佐藤　真由美　氏

インタビュー⑧　　阪急交通社（TEI 派遣）　佐藤　真由美　氏

阪急交通社は、募集型の企画旅行の基幹ブランド「トラピックス」を始めとしたパッケージツアーや個人旅行、法人団体旅行、修学旅行、訪日外国人旅行、業務渡航などを行っている。佐藤氏は、ガイドとして世界中を駆け回っている。

ヨーロッパを案内する佐藤真由美　氏

──添乗員になったきっかけを教えて下さい。

　最初は添乗員という仕事自体も知りませんでした。英国に留学の経験があって、英語を使ったサービス業に就職したい、と考えていくなかで、添乗員という仕事を見つけて従事することになりました。

──添乗員の魅力・やりがいを教えて下さい。

　お客様に喜んでいただくことが嬉しいです。旅に出ると仲良くなる。添乗員という仕事は、辛いこともありますが、救ってくれるのもお客様です。

――心掛けていることがありますか？

　あまり出しゃばらない、距離感を持つことです。添乗員は、ツアーコンダクターと言われますが、リーダーではありません。自分は中心ではないのです。中心はあくまでもお客様で、お客様のために陰で動く。自分はカリスマにはなれないからかもしれませんが、必要なときに、すっと邪魔にならないように出ていくことを心掛けています。

――うまくいっていない添乗員に足りないところは何ですか？

　笑顔も出し方があります。性格がいい人でも笑顔の出し方が下手なだけで、第一印象で判断されてしまいます。表面も大切です。お客様はわざわざ内面までは見てくれない。この人はあまり笑顔がないが、悪い人ではなく実は照れ屋さんなんだ、ということまではお客様は配慮してくれません。

　若いときはただ一生懸命に走って走って対応していました。的確ではなかったかもしれないけれど、お客様は走ってきてくれたことを喜んでくれます。知識は少なくても、お客様にとっては、「一生懸命に対応してくれる」方がいい。汗をかくことが大切です。小賢しく努力もしないのは伝わります。ダメでも努力することが肝要です。

――お客様に喜んでいただける添乗員に必要なことは何ですか？

　経験、知識に加えて、お客様を思う気持ちです。そして、若さには負けない。

――次世代の人材に伝えたいことがありますか？

　添乗員ということを恥ずかしくて他人に言えなかったときがありました。それは添乗員のなかにレベルの低い人がいるからでした。この仕事は、自信とプライドを持ってやってほしいと思っています。

　実はいま、コロナ禍で、物流業界の搬送拠点での出荷の仕事をしているのですが、最初はストレスがないからいいなと思ったけれど、そのうちに自分にとってのやりがいがないことに気が付いたのです。刺激があるということは恵まれているんだということがわかりました。コロナでいろいろな仕事を経験すると、この添乗員の仕事がいい仕事だったと、良さを見直す人が他にも多くいます。

――添乗員教育のあるべき姿を教えて下さい。

　ベテランの添乗に実際に同乗して、細かい動きまで見てみることが必要です。

4.5　「ずば抜ける」要因

　ここまで、それぞれ最前線で活躍する卓越したスーパー／カリスマ・ガイド／添乗員と呼ばれる人たちの考え方に関してインタビューをしてきた。本節ではそれをまとめることにより、卓越した人が常にずば抜ける人材であり続ける要因を炙り出してみる。

①　仕事の魅力・やりがい

　これに関しては、ほぼ全員が人との出会いについて言及している。出会いは、よく自分にとってのメリットを求めて出会いの機会を作ろうとする人が一般的には多いが、卓越した人たちは、出会いに感謝をし、喜んでいただくことに価値を見出しているところが特徴的である。利己心が見られない。また、中村氏、岡井氏は、もともと自分は怠け癖があって、ガイドすることで勉強する意欲につながるということに言及している点が興味深い。これは山中氏も同様に、知識欲が連鎖的につながってくるということを述べている。池田氏は、人から感謝してもらうことが、生きていることの実感につながり、それを社会に還元しなければいけないとの気持ちになったと述べている。卓越した人たちはどこまでも利己心のために行動していないことが共通点である。

②　目標としている人

　ここで挙げられているのは、同業種の先輩もあり、異業種の人もいる。共通して言えるのは、いつまでも自分のベストを尽くそうと努力を怠らない人が挙がっている。ということは、卓越した人たちは、とにかく不断の努力を怠らないようにしようと自分に言い聞かせていることがわかる。

③　心掛けていること

　これはそれぞれ答えが分かれた。話のわかりやすさやテンポの良さを指摘したのは岡井氏、元田氏、池田氏であった。一方で、基本的な習慣に関して言及したのが、中村氏は遅刻をしない、山中氏はお客様に平等に接する、佐藤氏はあくまでも主人公はお客様なのででしゃばらないということを主張した。平田氏は、初心を忘れず、一生懸命であることを指摘し、崎原氏は精神性の大切さを説いた。これはそれぞれの想いが体現されていて興味深い結果となった。

④ うまく行っていない人に足りないところ

　これは周囲の人にもよるので、共通点をまとめるというよりも、どのような人が目につくかということを列挙することで、それに該当する人は改善をすべき点として扱っていけばいい項目である。

　添乗員の人たちは、総じて笑顔が足りないという点と、信頼を勝ち得ていない点を指摘している。添乗員はやるべき業務が多岐に渡り、そしてアクシデントも多いことから、どうしても笑顔を忘れがちになってしまうのだろう。どんなにピンチになっても旅なのだからこの業界に属している以上は笑顔を忘れないようにしたいものである。

　中村氏は知識、態度、サービス精神の欠如を指摘し、崎原氏は身だしなみや姿勢といった基本的な点ができていないことを指摘している。岡井氏は話の長さを指摘している。これらは、意識して習慣化していけば、修正は可能であろう。

　元田氏は、自分のことしか考えていないことのデメリットを指摘している。元田氏は、自分の知識をひけらかすことの危うさを述べているが、人への伝え方として、知らない方が劣っているという考え方が表に出てしまうと、相手が恥の意識を感じてしまう。このようなやり方はガイドとしては失格である。「知らないことは悪いこと」ではない。NHKの人気番組『ブラタモリ』を見ていると、地元のガイドが、タモリ氏に対していろいろな質問を投げかけた際に、博学であらゆる分野に造詣が深いタモリ氏が見事に応答している。ただ、あれは博学なタモリ氏だからできるのであって、一般の人にそれを期待してはいけない。このような態度でガイディングをするのも、知識をひけらかす利己心に由来しているのではなかろうか。

　さらに、池田氏は、人を惹きつけるためには熱が必要であるとし、その熱が足りないということを指摘している。熱を持てと言われてもそう簡単に誰もが持てるわけではなく、なかなか難しいところがあるので、この業界に入りたい人は、若いうちから、部活動やスポーツなどに親しみ、情熱とは何か考える機会を持っていた方がいい。

⑤ お客様に喜んでいただくために必要なこと

　ここで指摘されているのは、多くの人が健康と答えている。そして、気力をしっかり保つことを指摘している。平田氏の青春とは年齢ではないという言葉は、バイタリティ溢れる平田氏を見ていたら説得力のある言葉である。

⑥　**次世代に伝えたいこと**

　添乗員の山中氏、佐藤氏は社会的地位の向上、プライドを持って仕事をすることを挙げている。これは添乗員はやりがいもあり、大変高度な業務内容であるにも関わらず、社会的地位が追いついていないことに起因する。筆者自身も旅程管理主任者を取り、添乗を実際に経験したが、旅行会社からのいわゆるマウンティングには辟易した。筆者自身もこの件に関してはライフワークとして取り組んでいきたいと考えている。次の世代では添乗員が皆から尊敬される存在になれるよう、尽力していきたい。

　池田氏は、思ったことは全部やれと熱いメッセージを送っている。これは自分の思ったこともやれない人間は、人に対して影響力など持てないという大変厳しい指摘でもある。厳しさの先にある風景を見られる人間になってほしいという強い想いが伝わってくる。

　中村氏は、次の世代にガイドは存在するだろうかという悲観論を一度投げかけることで、現実を直視し、兼業することで自由を保つことのアイデアを披露した。この兼業することで自由を保つという形は、まさに岡井氏のNPOが実践しようとしているところである。岡井氏は好きな分野を極めることの大切さを主張している。まさに、ここにガイド職の今後の生きる道のヒントがあるように思えてならない。

⑦　**インタビューで感じたこと**

　インタビューをして卓越した人たちが答えてくれた言葉には直接出てこなかったが、対話のなかからインタビュアーとしての筆者が感じたことがいくつかある。

　まず、卓越した人は、よく人を見ているということである。言いっぱなしではない。言葉を発する前にも頭の中で吟味して、そのうえで発し、発した後も受け手側がどう受け取ったかをよく観察している。観察眼が鋭いなという印象を持った。常に相手を見ている。目を離さないという印象が強い。卓越していない人は、自分が喋るのに精一杯で、相手のことをまったく気にしていない。気にする余裕がないのか、関心がないのか、それは人それぞれだが、相手に関心を持つということは重要な点であることは間違いない。

　また、ある意味で冷静である。今回インタビューしたなかで、熱い語り口でグイグイ来るのは、中村氏、池田氏、平田氏だが、3人とも実は冷静である。もちろん、グイグイ来ないタイプの佐藤氏、元田氏も冷静である。（ちなみに

元田氏は、泣きの元田と呼ばれるくらいエモーショナルなガイディングをしている）全員、熱い人も、静かな人も、総じて冷静である。だから、熱いけれど、言葉が過ぎた、失言したということが少ない。その意味で、聞いていて危なっかしくない。安心して聞いていられる。

　筆者は沖縄で崎原氏とは別の会社のバスガイドのガイディングも多く聞いたことがあるが、会う人会う人総じてバランスが取れていることが印象的である。沖縄では、博物館や観光地によっては学芸員または担当者の思いが多少強すぎて、展示方法や解説に対して、多少極端になっている場合があり、お客様が展示施設から戻ってきたときに、納得がいかなかったり、印象を悪くしたりしている場合がある。それをバスガイドの方々は、お客様にはいろいろな考え方をお持ちの方々が参加されるわけなので、あまりに思想が偏りすぎないように、敢えてうまくバランスを取っているのである。裏話を聞いてみると、ガイディングの先生からそのようにあるべしと口を酸っぱくして伝えられていたそうだ。「ガイドは教師ではない」と今回のインタビューをしたなかでも何名かが言及しているが、自分の思想を押し付けない、できるだけバランスをとって、お客様に考えてもらうきっかけを伝えるのが、ガイドの役割であると今回改めて実感した。

　最後に、中村氏が、観光まちづくりとは、街の景観をできるだけ残すことはもちろん、それだけでなく、ガイドが立ち止まって話をする場所の歩道を拡張することであったり、説明がしやすいようなパネルを建てたりすることも大切な事項であるという指摘をしていたが、このような発想で観光まちづくりを実施している日本の自治体はあまりない。景観のことだけに終始している。まちづくりにガイドの視点を取り入れてこそ、観光まちづくりと称することができるのではないだろうか。

⑧　卓越者たちが持っているもの

　卓越した人たちは皆とにかくお客様に喜んでいただくことをとことん追求していることが共通していた。自分の評価、評判は二の次で、とにかくお客様に喜んでいただくことを第一義としている。現在、添乗員は特に顧客評価を受けるのが普通になっているが、そこで、その点数をいかに上げるかという発想になってしまうと、お客様のためと言いながらその裏に自分のためということが存在し、それは"いやらしさ"となって表出する。旅行会社の企画担当は、アンケートを取ることでその添乗員を判断しているが、アンケートのデメリット

も理解しておく必要がある。自信のない添乗員はそのアンケートの結果に一喜一憂し、びくびくしながら受注する。そのような状態で、お客様に心地よい対応ができるわけがない。卓越していない人材を輩出しているのは、信頼関係を自分から放棄し、データだけで人を判断しようとしている旅行会社に原因のひとつがあることを自覚すべきである。

　その意味で、卓越した人たちは、真の自由を持っている。自由とは、自分の好きなことをするということではない。わがままではない。誰からも支配されず、自分が正しいと思う規範に従って、正しいと信じる道を堂々と歩んでいる。正しい道とは、お客様に喜んでいただくこと。この 1 点に尽きる。そこに、お客様がついているのである。

　旅行会社は、現場を見もしないで安直にアンケートを配布して点数だけで判断するのではなく、お客様との信頼関係を築いているかどうかは、実際に足を運んで現場を見ればいい。そのくせ、添乗員やガイドからのアドバイスや提言に対しては何も聞く耳を持っていないのだから、そのような者にアンケートを取る資格などない。人にアンケートをお願いするのなら、人からあがってきた情報や提案には必ずすべてに目を通す義務がある。

　人をコストとみなさない。ともに旅を創り上げていく仲間という発想があれば、もっと添乗員さんもガイドさんも萎縮せず、卓越した人材になっていく。

第5章　伝統的旅行会社におけるリアル店舗の
サービス・コンセプト

　リアル店舗や自社のインターネットサイト、電話販売などクロスチャネルで旅行商品を販売する従来型旅行会社（Traditional Travel Agency）は「伝統的旅行会社」といわれる。この伝統的旅行会社[注1]がリアル店舗で展開するB to C ビジネスにおいて、磨きをかけるべきサービス品質を明らかにすることで、市場における有意性確保にむけた基本的な考え方を検討していく。具体的には、アンケートやインタビューをもとに従業員満足、顧客満足、そして企業利益の因果関係を示した、Heskett, Jones, Loveman, Sasser and Schlesinger (1994) による「サービス・プロフィット・チェーン」を参照したうえで問題や課題を整理し、先行研究を踏まえて消費者へ提案する新たなサービス品質の再定義を試みる。サービス・プロフィット・チェーンは、オリエンタルランドやスターバックスなどでも取り入れられているが、企業が従業員を大切にすることで、従業員のサービス品質が向上し、その結果顧客の満足度向上、企業収益の向上につながるという考え方である。その際、リアル店舗を利用する消費者の購買行動プロセスに即し、購買前段階から購買に至るまでに伝統的旅行会社が関与する価値提案の機会を整理することからアプローチした。

　なおここでは、短期的と想定される外部環境の変化への順応[注2]のみに固執することなく、伝統的旅行会社が固有の資産を仮に保有し続ける場合に必要な考え方の一案を提言するものである。

5.1　伝統的旅行会社のリアル店舗を取り巻く環境

（1）曖昧な存在価値

　本章でリアル店舗のサービス品質を検討する理由は、伝統的旅行会社が消費者へリアル店舗の存在価値を十分に示すことができていないことによる。新型コロナウイルス感染症（以下、新型コロナ）の流行以前より、インターネットショッピング利用の拡大や国内の人口減少によって店舗の役割が変わりつつあることが指摘されていた[注3]。金融機関や通信会社、書店などの店舗においては、あらゆる議論のもとリアル店舗に関わるさまざまな施策が進められている[注4]。しかしながら、旅行業における取組み状況は必ずしも芳しくない[注5]。業界団体の代表を務めていた実務家は、経済誌の取材に対して次のように所感

を述べている。

　「リアル店舗はどんどん減りますよ。生き残る策は会員制のようなビジネスですね。自ら会員になる人は、オンラインでは得られないホットな旅の情報を求めています。もう一つは富裕層をきちんと取り込むことです。(中略)富裕層向けビジネスをする際に重要になってくるのがコンサルティング力です。そこがオンライン旅行会社との違いが出せるところです。[注6]」

　伝統的旅行会社のなかで、たとえばJTBにおいて、リアル店舗の数は図5.1のとおり確かに減少傾向がみられる。他方、「ホットな旅の情報」の提供や「コンサルティング」といった有益なサービス提案が店舗で実践されているとの社会情報の流通水準は、限定的と捉えざるを得ない。それは、旅行会社のリアル店舗について、「過去1年以内に訪問実績がある」または「今後3年間に訪問意向がある」と答えた「ニーズ」がある人の割合は26.9%にとどまる点から措定できる（表5.1）。

図5.1　JTB国内店舗数の推移

（出所：JTBパブリッシング『JTB時刻表』[注7]をもとに筆者作成）

表5.1　リアル店舗の「ニーズ」

種　類	回転率（%）	種　類	回転率（%）
スーパーマーケット	92.2	靴　店	55.1
家電量販店	80.3	ディスカウントストア	55.0
ホームセンター	79.7	百貨店	53.0
銀　行	79.6	家具店	43.3
郵便局	78.8	自動車販売店	42.4
洋服店	66.1	旅行会社	26.9
スマホ／携帯電話販売	60.7	不動産仲介	15.8

（出所：サービス連合情報総研（2019）をもとに筆者作成）

（2）コロナ禍以前より続く課題

　新型コロナの流行拡大に伴い、2020 年 1 月以降、旅行者の往来が大幅に減少した。日本人国内旅行消費額は同年 1-3 月期が対前年同期比 21.7％減、4-6 月期は同比 83.2％減、7-9 月期は同比 56.6％減、そして 10-12 月期は同比 45.0％減となった（注8）。また、同じ期間の日本人出国者数は 39.6％減、99.6％減、98.4％減、98.1％減だった（注9）。しかしながら、コロナ禍以前の国内旅行市場は好況で、国内旅行消費額はおおむね右肩上がりの増加傾向にあった（図 5.2)。そうした状況下で、国内の主要な伝統的旅行会社における売上高に顕著な増加傾向はみられず、収益性はむしろ低下傾向にあった（表 5.2)。

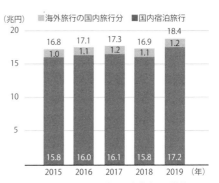

図 5.2　日本人旅行消費額の推移
（出所：観光庁（2021）をもとに筆者作成）

表 5.2　主な伝統的旅行会社における売上高と営業利益率の推移

年度	JTB		NTA		KNT	
2015	1,343,714	1.2%	417,026	0.1%	424,930	1.5%
2016	1,296,538	0.8%	411,968	0.2%	396,004	0.7%
2017	1,322,992	0.4%	420,411	0.1%	405,172	0.8%
2018	1,367,396	0.5%	429,766	0.1%	411,821	0.6%
2019	1,288,569	0.1%	451,028	1.2%	385,362	− 0.4%

注　JTB は JTB 連携、NTA は日本旅行単体、KNT は MNT-CT ホールディングス連携を表す。

（出所：各社財務諸表をもとに筆者作成）

　その原因のひとつに、インターネット専用の旅行会社（OTA：オンライン・トラベル・エージェンシー）（注10）による取扱の拡大があると、オンライン旅行市場の最新調査（注11）において示された。伝統的旅行会社のオンライン販売は増加傾向にあるものの、OTA の取扱高の伸びは、はるかに伝統的旅行会

社 の そ れ を 上 回 っ て い る（図
5.3）。同調査と対象とする市場が完
全に一致していないものの、政府は
旅行サービスの B to C-EC（消費者
向け電子商取引）市場規模が年々拡
大傾向にある傾向を調査で示した
（図 5.4）。

　また、コロナ禍以降のツーリズム
では「小規模化や個人化が加速し混
雑回避を目的とした『分散化』が図
られるため、事前の情報収集がこれ
まで以上に重要視されオンラインで
のコミュニケーションが拡充する
（山口、2020）」。それに、パンデ
ミック後も旅行者は一層オンライン
予約を選択する（Baba, Stancioiu,
Gabor, Alexe, Oltean and Dinu,
2020）とされる。こうした報告か
ら考えると、伝統的旅行会社は売上
増加や収益性向上を果たすにあたっ
て、やはりオンライン販売のさらな
る取扱拡大を図らねばならないこと
は自明である。

図 5.3　旅行業者におけるオンライン販売額とシェアの推移

（出所：牛場・酒井・齋藤・志方・加藤
　　　（2018）p.43 図表 3-12 をもとに筆者
　　　作成）

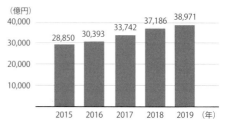

図 5.4　旅行サービスにおける B to C-EC 市場規模の推移

（出所：経済産業省（2020）をもとに筆者作
　　　成）

　それを進めつつも一方で、固有のチャネルとしてのオフラインにおいて、顧
客へ提示するサービス品質に磨きをかける必要性を排除することはできない。
それは、持続可能な競争優位を確立するにあたって、「他よりも優位性を維持
しやすい市場」としての「競争の舞台」[注12] を保有している点を強みと捉える
ことが可能なことによる。なお、オフラインには、訪問販売、移動販売、通信
販売などの無店舗による販売形態が存在するが、本章ではリアル店舗での店頭
販売を考察の対象とする。また、検討するビジネスシーンは、日本国内の
B to C 領域で、主にレジャー市場である。

（3）サービス品質

　旅行会社のリアル店舗を対象とした研究は、すでにさまざまな視点から進められている。近年、羽田（2018）は流通費用の分析理論から、旅行会社が旅行商品の流通においてどのような部分を担っているかを検証することで、リアル店舗の存在価値を考察しインターネットとの差別化を意識した戦略を検討した。また、大西（2020）は、商業施設への入居状況や駅からの距離など、出店場所の特徴がどのように推移したかを調査した。

　サービスに着目した研究として、丸山（2013）はインターネットによる流通構造の変化は旅行業に限らないとしたうえで、対面店舗型からインターネット取引に取って代わることが従来型旅行業の終焉になりかねない状況とした。他方、小里（2013）はサービスにおける IHIP 特性[注13] の変動性に注目したうえで、インターネット時代にリアル店舗を改めて輝かせるためには、時代や社会的な文脈によって変わり続ける顧客ニーズの理解が最も重要になると論じている[注14]。これらの指摘の共通点は、リアル店舗を媒介として顧客へ提案するサービス価値が失われていることを拠り所にしている点にある。

　その立場のもと、顧客へ提示するサービス・コンセプトの検討にあたり先行研究を概観し大別すると、三つの観点が見出せる。第一は、サービス品質を評価する主体の検討にある。旅行会社のサービス品質は、サービス提供側の管理者や提供者および利用者の視点から評価することができる（Shi and Hu, 2020）。ただし、管理者はサービス品質を過大評価してしまう傾向があり、サービス提供者は誤った方法で過小評価してしまう傾向がある（Tsang and Qu, 2000; Ukwayi, Eja and Unwanede, 2012）。González, Comesaña and Brea（2007）は、利用者の満足度とロイヤルティを高めるためには、利用者の視点からの現実的で適切なサービス品質を提供することが重要と論じている。以上を踏まえ、価値提案を実現するサービス品質を利用者の視点から考察することとし、消費者購買行動モデルに即して検討することとした。

　第二は、流通チャネルの検討にある。関根（2020）は小売店舗の存在理由を検討するにあたり、「オンラインの成長がオフライン（リアル店舗）にマイナスの寄与をする、あるいはオフラインとオンラインの選択論という視点ではなく、両者を体系的にマーケティングする『オムニチャネル論』の立場」から研究した。オンラインとオフラインを二項対立で捉えること自体が意味を成さなくなっている点は藤井（2020）も同様に論じて[注15]おり、両者を「一体の

ジャーニーとして捉え、これをオンラインの競争原理から考える」とする
OMO（Online Merges with Offline）の概念を示した。この点に関連して Hult,
Sharma, Morgeson and Zhang（2019）は、オンラインとオフラインをトータ
ルにマネージできない企業は衰退する可能性があると指摘している。なお、オ
ムニチャネル小売業に必要な視座として、利用者がオンライン・オフラインの
区別なく企業と自由にコンタクトを取れる手法の「オムニチャネル・マーケ
ティング」を初めて体系的に論じた Verhoef, Kannan and Inman（2015）は、
消費者が情報探索や購買プロセスでチャネルにどのように影響され行動するの
かを見極める必要があるとした。消費者の視点を中心に据えて検討する点にお
いては、先のアプローチと共通する。これらを踏まえ、伝統的旅行会社のリア
ル店舗を利用する消費者の購買行動をベースに、オンライン、オフラインの両
チャネルを一体的に捉えたうえで最適なコミュニケーションのあり方を論じて
いくこととする。

　最後に第三は、品質評価のタイミングを検討することにある。Grönroos
（2007）は顧客が認識するサービス品質として、結果に関する技術的品質と過
程に関する機能的品質の二つの側面を示した[注16]。それは旅行業の場合、最
終的な旅行消費に関わる結果の品質とそこに至るまでのすべての過程に関わる
品質と捉えられる。ただし、本章で着目する伝統的旅行会社におけるリアル店
舗で提案するサービスを検討する際、流通の役割を担う店舗で商品を購買して
もらうことを「結果」とみなすことも可能だ。つまり、販売前に提案するサー
ビスの過程品質と商品販売時における結果品質からなる「旅行相談に関わる
サービス品質」と、販売後の「旅行消費に関わるサービス品質」とに分離可能
といえる。なお、旅行サービスの購買時や購買のトリガーにあたる時機におけ
る消費者の価値認知を対象とする研究は、Despoina（2016）や Chen,
Makara, Sean, McGinleya and Cheng（2019）にみられるが、国内では参照す
ることができない。観光マーケティング研究において、塙（2017）は「個々
の顧客の文脈価値の存在を発見しカスタマイズした情報」の提案を通じた持続
可能な観光地や観光商品の創造を論じた。同様に柏木（2018）や孔
（2020）、鮫島（2019）も使用価値の共創に至る思想として文脈価値を提示し
ている。つまり、顧客購買行動の後半の段階にあたる観光経験、つまり消費と
その後の過程に焦点は当てられても、前半の局面への注目は圧倒的に乏しい。
本章における検討は、観光研究における新たな視座を示す点に独自性があり、

実務へ直ちに貢献可能な点において有意と考える。加えて、物理的形態を有する商品に比べて、サービスの質の評価は一般的に困難とされる。評価対象の品質を消費者行動モデルの購買段階を境目として細分化することは、新たなサービス品質の再定義を試みるにあたって議論が混迷することを回避できる点においても意義があると捉える。

5.2　サービス価値への着目

Kotler, Hayes and Bloom（2002）は、「組織がプロフェッショナル・サービスにおいて成功するためには、顧客満足と従業員満足との両方を達成することが求められる。その基本となるのがサービス・プロフィット・チェーンだ」[注17]と論じている。同研究におけるプロフェッショナル・サービスの提案主体は、「法律や医療、経営コンサルティング、建築、エンジニアリングといった分野の専門家」[注18] である。ただ、その原理は「たとえば広告代理店や広報コンサルティング会社、マーケティング・リサーチ会社など、他のプロフェッショナル・サービスにも応用できるだろう」[注19] と示す。

前述した引用内容に則り、実務家が述べるように伝統的旅行会社のリアル店舗においてコンサルティングが実践され、プロフェッショナル・サービスを提案する主体足り得るならば、本章冒頭の提示内容を検討する意義があると捉える。なお、プロフェッショナル・サービスを広義に解釈したものでは、「資格をもった人間によって、問題解決のために助言として提供される（Kotler et al., 2002）[注20]」、「特定分野の専門職に携わる『専門家』が顧客企業に対して提供する高度に専門的なサービス（Kubr, 2003）[注21]」がある。しかしながら、現在までの研究に共通した定義は存在していない（濱中、2015）ために、前述の考察に依拠することで論を進める。本章では、従業員満足および顧客満足の調査結果を分析し検討することで、サービス・プロフィット・チェーンにおける問題点や課題を抽出することとする。

（1）サービス・プロフィット・チェーン

「サービス・プロフィット・チェーン」は、Heskett et al.（1994）が顧客と従業員の満足を収益性に関連付ける評価手法として、サービス企業の分析をもとに開発したものである。その流れは図 5.5 に示したとおりで、サービス提供企業におけるそれぞれの要素の間には、次のような因果関係の連続によって成

図 5.5　サービス・プロフィット・チェーン

（出所：佐藤・小宮路（2012）p.51 図表 3-5 をもとに筆者作成）

り立つことが示されている。売上増加、収益性向上という目標をサービス提供企業が達成するためには、顧客ロイヤルティの向上が原動力となる。そして顧客ロイヤルティは、顧客満足によってもたらされる直接的な結果とされる。さらに考えると、顧客満足は顧客に提示されたサービス価値に強く影響されるが、そのサービス価値は有能な従業員によって創造されており、有能な従業員たちは充実感を持ち、ロイヤルティは高い。そして、従業員満足は、顧客のみならず従業員という「社内顧客」に向けての質の高いサービスを提供しているかどうかに大きく影響される。Heskett, Sasser and Schlesinger（1997）は、特に結びつきが強いのは次の三つの組み合わせとしている。

① 利益とカスタマー・ロイヤルティ

② 従業員のロイヤルティとカスタマー・ロイヤルティ

③ 従業員のサティスファクションとカスタマー・サティスファクション[注22]

　サービス・プロフィット・チェーンが提唱されてから、さまざまな産業で追実験やモデルの改良に関する実証研究が行われている。枠組みのなかでも中枢を担うとして Heskett et al.（1997）が、一種の同調性ともいえる「鏡面（ミラー）効果」[注23] をもたらすと論じた、従業員満足と顧客満足における相互作用関係の先行研究を表 5.3 に示した。旅行会社を対象とした研究は、表中のⅠに示した Homburg, Wieseke and Hoyer（2009）によるドイツの旅行会社を対象とした階層線形モデル（HLM）分析によって、従業員満足と顧客満足における有意な相関は確認できないとするものがある。しかしながら、従業員満足と顧客満足との関係性についてさまざまなサービス事業者や業界を対象とした先行研究を検証した徐・侯（2017）は「一部の異なる実証分析結果が存在するものの、基本的に、従業員満足と顧客満足におけるポジティブな関係性が支持されたと言えよう」と結論づけている。その際、サービス・プロフィット・チェーン以外に、社会心理学分野の情緒伝染理論および社会的交換理論、

表 5.3　サービス・プロフィット・チェーンの実証研究

先行研究		サンプル内容	分析レベル	検証結果
A	Zeblah. Carlson, Donavan and Maxham (2016)	209の小売店舗 従業員1,470名、顧客49,242名	従業員　N=1,470	ES→CS CS→ES
B	Hur, Moon and Jung (2015)	介護施設 従業員と顧客282組	一対一　N=282	ES→CS
C	Gounaris and Boukis (2013)	15の銀行支店 従業員183名、顧客604名	従業員　N=183	ES→CS
D	Evanschitzky, Wangenheim and Wunderlich (2012a)	119の小売店舗 従業員6,040名,顧客100,351名	集団　N=119	ES→CS
E	Evanschitzky, Sharma and Prykop (2012b)	B2B研究 従業員18名、顧客188名	従業員　N=18	ES→CS
F	Chuang, Judge and Liaw (2012)	金融、保険,不動産、サービス、メーカー、　小売業など合計52店舗、204組の従業員と顧客	一対一　N=204	ES→CS
G	Grandey, Golberg and Pugh (2011)	328の倉庫型小売店舗 従業員と顧客	店舗　N=328	ES→CS
H	Netemeyer, Maxham III andI Lichtenstein (2010)	328の倉庫型小売店 従業員と顧客	店舗　N=306	ES→CS
I	Homburg,　Wieseke and Hoyer (2009)	小売チェーンの306店 従業員1,615名、顧客57,656名	従業員　N=258	—
J	Chi and Gursoy (2009)	109の旅行代理店 従業員258名、顧客597名	集団　N=250	ES→CS
K	Yee, Yeung, and Cheng (2008)	250のホテル 従業員2,023名、顧客3,346名	集団　N=206	ES→CS
L	Keiningham, Aksoy, Cooil, Peterson and Vavra (2006)	125の専門店 従業員3,900名、顧客34,000名	集団　N=125	ES→CS
M	Voss Tsikriktsis, Funk,Yarrow and Owen (2005)	金融、小売業、ホテルなど営利組織229社 公的教育機関62校	集団　N=291	ES→CS

（出所：徐・侯（2017）表１をもとに筆者作成）

産業・組織心理研究領域の ASA モデル（Attraction：魅了、Selection：選抜、Attrition：自然減）やバランス理論をベースにした分析による研究事例も踏まえた推論としている。

　他方、先行研究で大勢を占める従業員満足から顧客満足への影響ではなく、櫻井（2019）はプロフェッショナル・サービスにおける顧客満足が従業員満足、特に職務満足や組織ロイヤルティに正の影響をもたらす可能性を実証研究の成果として示した。また、鈴木・松岡（2014）は「①従業員と顧客が直接に相互作用する代表的な業種であるホスピタリティ産業において、②６年間もの長期間にわたって収集したデータを用いて、③従業員満足度→サービスの質→顧客満足度→稼働可能客室当り粗利益」という従業員満足度、顧客満足度、財務業績に関わる一連の関係を同時に分析し示した。

　サービス・プロフィット・チェーンで取り上げられている要素・要因の数が必要十分であるかどうか、それに要素間の関係についても完全に立証されていない。その意味で、応用科学的モデルであり、分析のために仮説的に構成され

た理論モデルである[注21]といえる。しかしながら、評価されるべき点もある。第一は、サービスの特性が反映されている点にある。サービス・マーケティングは、サービス生産と消費を切り離すことができないというサービスの特性上、人間関係やオペレーションを統合させる必要があった。そのためサービス・プロフィット・チェーンはサービス組織内部の状態がそのまま直接に市場適応活動につながっている[注25]。第二に、企業の評価がマーケット・シェアで行われていた時代に顧客ロイヤルティに注目した点にある。宮城（2011）は、「『オペレーション戦略と従業員満足・ロイヤルティ』が示されている企業内部、顧客が望む『サービス・コンセプト』、そして『ターゲット・マーケット』を通してのサービス提供の連続体を考察し、企業の競争力の源泉である『顧客』を分析する上で優れた包括的なモデル」としている。

　以上を踏まえ、伝統的旅行会社が前掲の企業目標を達成できない要因を、本章ではサービス・プロフィット・チェーンを構成する要素に求めて、次節以降において検証する。ただし、すべての要素を網羅して関連づけたうえで指標を数値化することは困難なため、「従業員満足」と「顧客満足」に焦点を当てたうえで、それぞれ産業内の別の主体が実施した調査結果をもとに検討する。その際、それぞれで抽出した問題点や課題を総合して、必要と考えるサービスの全体像を描き出すこととしたい。

（2）従業員満足

　伝統的旅行会社の企業内労働組合 2 組織において実施された組合員意識調査[注26]をもとに検討する。サービス・プロフィット・チェーンにおいて、従業員満足が従業員リテンション（定着）と生産性の向上を導くとされる。A 労働組合で従業員の定着率に関する所感を尋ねたところ、全体の 7 割が否定的な回答を示した（表 5.4-A）。また、仕事量やその質については肯定的な回答が半数程度にとどまり、働きがいや働きやすさが担保されているとは言い難い状況にあることが明らかになった（表 5.4-B、C）。一方、従業員満足を構成する内部サービス品質について、佐藤（2012）は「やりがいのある仕事をどのように職務設計するか、サービス従業員に対する教育訓練、適切な評価と報酬、等の人的資源マネジメントがそのポイントになる」[注27]としている。A 労働組合で調査したところ、評価に関する理解・納得度合いは半数超が肯定的に捉える回答を寄せているものの（表 5.4-D）、教育訓練や賃金に対する不満を

表5.4　従業員満足調査の結果①

変　数　名	分類（①～④）と構成比（%）			
	①	②	③	④
A	従業員の定着率に課題はない	36.3	33.8	20.2	4.9
B	1日あたりの仕事量は適切で辛さを感じることはない	22.9	25.7	36.2	12.6
C	任される仕事の範囲に満足している	13.4	27.4	44.7	10.6
D	自身が評価された内容に理解・納得ができる	11.4	24.3	47.2	9.2
E	能力や経験に見合った教育や研修が行われている	21.3	38.3	32.1	4.2
F	賃金（毎月の給与）に満足している	48.8	30.7	15.2	2.3

注　①そう思わない　②あまりそう思わない　③ややそう思う　④そう思う

（出所：A労働組合組合員意識調査（2020）をもとに筆者作成）

抱える声が多かった（表5.4-E、F）。なお、賃金に対する満足度はB労働組合においても低く、（経年的な賃金改善が実施される過去と比較して）「まだ不満」「かなり不満」との回答は、全体の57.0%を占めた。

　さらに意識調査の結果を概観するにあたって、Herzberg（1968）による「動機づけ・衛生理論（二要因理論）」をもとに大別することで検討したい。Herzbergは、「集団の中での人の職務態度と職務満足の関係性に着目し、どのような満足が職務態度に効果的な影響を及ぼすのか（田中、2009）」について探求した。そして当該理論では、「仕事への満足（そしてモチベーション）に関連する諸要因は、仕事への不満足を生み出す諸要因とは別物である」とし、「仕事への満足と仕事への不満足の中身を吟味する際、それぞれに別々の要因を検討しなければならない」[注28]としている。

①　動機づけ要因の充足度

　第一に、従業員意識調査の結果から「動機づけ要因」の充足度を確認する。職務満足を充足させる要因には、「達成、達成の承認、仕事そのもの、責任、それに成長あるいは昇進」[注29]がある。調査内容のうち、各要因の現状を把握できる項目もしくは把握するにあたって参考になる項目を抽出し、以下示す。

　表5.5-Aで示したように、働きがいを感じることのできる「達成感」を味わう機会が乏しいと感じる従業員が7割近くを占めている。また、適材適所を実感しやりがいを感じる従業員は半数に満たず、「仕事そのもの」への問題意識を抱える社員が多数を占めることがわかった（表5.5-B）。特に、現在の

表 5.5　従業員満足調査の結果②

	変　数　名	分　類	構成比（％）
A	いまの職場において、実際に難しい仕事をやり遂げたと実感することが多い	そう思わない	69.4
		そう思う	30.6
B	いまの仕事内容について、どう感じていますか	適していないので他の担務に変わりたい	9.1
		自分に適していないがこなしていきたい	20.2
		自分に適しているがやりがいに欠ける	20.7
		自分に適した仕事でやりがいもある	48.4
C	いまの職場において、実際に仕事に責任を持たされている	そう思わない	46.6
		そう思う	53.4
D	いまの職場において、実際に自分が進歩・向上していると感じている	そう思わない	73.8
		そう思う	26.2
E	いまの職場において、実際に昇進の期待がもてる	そう思わない	90.9
		そう思う	9.1

（出所：B 労働組合組合員生活実態・意識調査（2020）[注30] をもとに筆者作成）

表 5.6　従業員満足調査の結果③

	変数名	分　類	構成比（％）
A	現在の生活全般についての印象は	毎日がつらい	4.3
		楽しいことは少ない	18.9
		どちらとも言えない	37.6
		楽しいことが多い	35.2
		毎日が楽しく充実している	3.9
B	仕事と家庭のバランスについて、実態にもっとも近いのは	仕事を優先している	7.5
		仕事を優先せざるを得ない	36.5
		できるだけ仕事と家庭のバランスをとっている	52.9
		仕事より家庭を優先している	1.5
		仕事は最低限必要なことだけで、家庭中心	1.1

（出所：B 労働組合組合員生活実態・意識調査（2020）をもとに筆者作成）

業務が自分に適していないと考えながら従事する者が3割を数える点は注目に値する。それに、業務において一定の責任を負うことが働きがい創出につながると捉える人のうち、実際にそうした状況で働くことができている人は半数超にとどまることがわかった（表5.5-C）。表5.5-Dは、現在の職務において自分が進歩・向上しているかどうかを尋ねた調査の結果であり、自身の「成長」を感じられるかどうかを検討するために用いた。図5.5-Eに示した「昇進」に対する期待同様、充足されれば働きがいを感じると答えた人の実感は乏しいことがわかる。ここまでの調査結果を踏まえると、「動機づけ要因」を満たす状態が広く等しく職場に行きわたっていると捉えるのは困難である。仕事への満足の原因が満たされておらず、従業員満足は十分な状況にはないといえる。

　なお、概念としての職務満足を最初に指摘したとされるのはHoppock（1935）とされる。田中（2009）は、職務満足にはHerzbergの「動機づけ要因」以外に、Hoppock（1935）が示す「生活の満足感」が大きな影響を与えていることを明らかにしている。B労働組合において「生活全般についての印象」を尋ねたところ、表5.6-Aのような結果となった。消極的な回答も含めて「楽しい」としたのは半数に満たない。加えて、表5.6-Bにあるように、「仕事と家庭のバランスをとりたい」と考えつつも仕事に傾斜してしまう人が半数近くを占めていることが明らかになった。1930年代の職務満足研究が萌芽期にあった頃、Hoppockは「職務満足とは、彼らの仕事と生活とが、独立して存在するものではなく、相互依存関係にあるのではないかという言説（田中、2009）」を導いた。「仕事そのもの」の満足と同等に職務満足要因の一部である家庭生活においても、広く満足感が得られている状態にはないことを把握した。その点も付記しておきたい。

②　衛生要因の充足度

　第二に、従業員意識調査の結果から「衛生要因」の充足度を確認する。「衛生要因」は、「仕事上の『不満を回避・防止する動機づけ』の根拠を衛生学の原理に求めた（田中、2009）」ことによってそのように称されている。田中（2009）は、「衛生要因は、職場における劣悪な環境や状況、精神的な健康を含めた健康の危険から回避させる効果のことをいい、仕事上の不満を取り除くことで、従業員の満足を維持できるという意味で、衛生要因もまた、仕事の満足に貢献している」と評している。

　Herzberg（1968）が定義した「衛生要因」は、「企業の方針と管理、監督、対人関係、作業条件、給与、身分、それに福利厚生などのものがこれに相当する」[注31]。「動機づけ要因」の検証と同様、調査内容のうち、各要因の現状を把握できる項目もしくは把握するにあたって参考になる項目を抽出し、表5.7に示した。なお、「会社の方針」はA、「管理」はB、「監督」はC、「対人関係」はD、「作業条件」はE、福利厚生はF、「給与」は表5.4-Fを参照する。

　概観すると、いずれの項目とも全体の3割超が否定的な見解を示している。また、「給与」や「企業の方針」、「福利厚生」、さらに「管理」の不満足度合いが高い。そのなかでも、「そう思わない」とする強い不満足を「給与」や「管理」に対して抱く従業員が多い。これらの「衛生要因」はあくまで不満足を引き起こす原因であって、たとえ何らかの施策によって改善が図られたとしても従業員満足には直結しない。

　「衛生要因」を「職場の満足感」と「ストレス」と捉えた田中（2009）の考察によると、「ストレスは、達成感や職務満足に正の影響を与えている。この逆説的な結果については、適度なストレスもまた、達成感や仕事の満足を得るには重要な要因である」とある。しかしながら、「二種類の欲求[注32]のどちらも職場における人間的条件の一部であり、一方の欲求が満たされない場合、別の欲求が完全に満たされていても満足感は得られない[注33]」との論を踏まえると、企業は従業員の不満足解消を忌避する正当性は乏しい。多田（2005）は従業員を対象とするインターナル・マーケティングの重要性を論じるにあたって「企業は、満足因子を高め、不満足因子を除去することで、サービス・プロフィット・チェーンにおいて『より高いサービス価値』を生み『満足しロイヤリティの高い顧客』を囲い込むことになる」とする。従業員満足向上につながる取組みと同時に、不満足を可能な限り減少させるに至る内部サービス品質の設計が必要である。

　加えて留意すべき点に「人手が足りない」との回答が8割超に及ぶ事実がある（表5.8-A）。職場においては、業務が逼迫し従業員に負荷が掛かっている状況が想定される。表5.8-Bに示した調査結果を踏まえると、従業員は債権債務上の課題（提供する労働の質や量に見合った賃金を受け取っていない）を感じているのではないかと措定するに至った。

　従業員満足を提供するサービス品質において「ゆとり」が失われている状況が明らかになった。

表 5.7　従業員満足調査の結果④

変　数　名		分類(①〜④)と構成比（%）			
		①	②	③	④
A	会社の事業戦略を理解し、納得できている	12.4	46.7	31.6	3.0
B	課長・支店長は所属員の日々の業務内容を把握している	23.7	25.9	36.9	9.9
C	課長・支店長の指示や助言は適切だ	14.5	23.0	44.5	12.6
D	職場の雰囲気はよい	11.7	22.1	44.9	18.5
E	会社は職場の安全や快適さに十分気を配っている	8.4	23.3	45	21.8
F	会社は従業員皆の福利厚生に努力している	15.3	35.3	38.9	7.4

注　①そう思わない　②あまりそう思わない　③ややそう思う　④そう思う

（出所：A労働組合組合員意識調査（2020）をもとに筆者作成）

表 5.8　従業員満足調査の結果⑤

変数名		分　　類	構成比（%）
A	現在の職場における要員状況	人手が足りない。社員増員を求める	40.7
		人手が足りない。業務効率化を求める	22.2
		人手が足りない。我慢せざるを得ない	18.7
		何とかなる状況	14.3
		要員は充足している	3.2
B	自分の収入と仕事のゆとりについて	ゆとりがなければ高品質・高収入のしごとは生まれない	56.6
		収入はほどほどに、ゆとりがもっと欲しい	18.5
		収入優先で、ゆとりは我慢する	14.1
		ほどよいバランスなので考えたことがない	6.0

（出所：B労働組合組合員生活実態・意識調査（2020）をもとに筆者作成）

（3）顧客満足

　本章冒頭の表5.1で示したとおり、消費者における旅行会社のリアル店舗に対する「ニーズ」は乏しい。本節では、事業者からのサービス提案の実施状況が顧客満足に至っているかについて消費者意識調査（サービス連合情報総研、2019）[注34]の結果から検証する。加えて、サービス従業員の立場から有意な価値提案を実現できているか、その所感をC労働組合役員にヒアリングした結果を示す。

① 消費者を対象としたアンケート調査

旅行会社のリアル店舗に対する「ニーズ」が低迷する理由を検討するにあたり、その立地に依る影響を考えた。そこで、他業種の店舗が隣接していれば旅行会社のリアル店舗を訪れるきっかけになると仮説を立てて検証したところ、「ニーズ」の無い人の半数超が該当無しと回答した（図 5.6）。消費者の「ニーズ」が高い他業種の店舗に旅行会社のリアル店舗が隣接していたとしても、訪問を促す可能性の上昇率は限定的といえる。

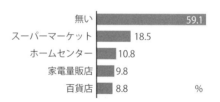

注）n＝753 人（旅行会社のリアル店舗に「ニーズ」が無い人）、複数回答

図 5.6　旅行会社のリアル店舗を訪ねるきっかけとなる他業種店舗（上位回答）

（出所：サービス連合情報総研（2019）をもとに筆者作成）

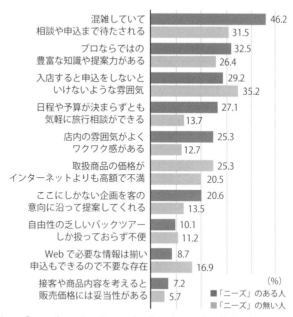

注）n＝「ニーズ」のある人 277 人、無い人 753 人、複数回答

図 5.7　旅行会社のリアル店舗のイメージ

（出所：サービス連合情報総研（2019）をもとに筆者作成）

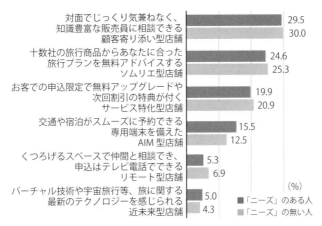

注）n＝「ニーズ」のある人 277 人、無い人 753 人、複数回答

図 5.8　行ってみたい旅行会社のリアル店舗
（出所：サービス連合情報総研（2019）をもとに筆者作成）

　次に、旅行会社のリアル店舗のイメージについて聞いた。「ニーズ」の有無別に回答率を整理したところ、図 5.7 のようになった。「ニーズ」の有無に関わらず「不要な存在」との回答は多数を占めず、問題と感じているイメージが改善されれば訪問意向が高まる可能性を示唆する結果となった。「待たされる」「申込をしないといけない雰囲気」が敬遠され、「ニーズ」が無い人は「気軽に旅行相談ができる」との認識が乏しいことが明らかになった。

　最後に、旅行会社のどのような店舗へ行ってみたいか（図 5.8）、そして販売員に求める接客（図 5.9）を尋ねた。店舗内のハードよりもソフト面を重視し

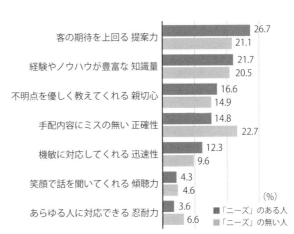

注）n＝「ニーズ」のある人 277 人、無い人 753 人、単一回答

図 5.9　旅行会社に求める接客
（出所：サービス連合情報総研（2019）をもとに筆者作成）

ていることがわかり、顧客の気持ちに寄り添う接客が実践される店舗を消費者
は求めている。旅行相談のために店舗へ気軽に訪問してもらえる店づくりが必
要なことが明らかになった。

②　労働組合役員を対象としたヒアリング調査

　本調査の目的は、前項における消費者アンケート調査の定量的データを、C
労働組合連合会非専従役員への聞き取り調査によって多面的かつ質的側面から
補強するものである。

　具体的には、2019年12月5日午前10時から午後0時30分、C労連に加
盟する労働組合の執行委員を対象に座談会形式でのインタビューを実施、場所
はC労連会議室を拝借し占有した。

　対象者は、国内旅行商品の仕入造成、海外旅行商品の仕入造成、コールセン
ターでの顧客対応、店頭販売、「海外格安航空券」の仕入販売、インターネッ
トサイト構築をそれぞれ業務として担いつつ労組役員の役割を果たしている
方々とした。

　調査対象の選定にあたっては、C労連におけるB to C事業の政策検討グ
ループ統括者へ所属員からの選抜を要請、インタビューの参加に同意した6
名が出席した。労組執行部として社および社が属するグループの経営計画や事
業運営状況に精通し、総合的俯瞰的な観点で所感を述べることができる可能性
が他の従業員より高い点において、選抜の妥当性が保たれるものと捉える。

　インタビュー内容は、伝統的旅行会社のリアル店舗における「人」が提案す
るサービス価値の品質についての所感調査や、顧客とのインタラクションに関
する問題点提起を中心に、表5.9に示した8項目とした。

　その結果、顧客に寄り添った相談業務にタスクを特化し、企業と顧客の接点
たるサービス・エンカウンターが思いを伝える場であり顧客のことを知る場と
して機能することを求める声を収集することができた。

表5.9　労働組合役員ヒアリング調査（質問と得られた回答）

Q1　旅行会社におけるリアル店舗の「人」にしかできないタスクは何ですか。
①　顧客の感情を受け止める、顧客に寄り添う、愚痴や不満を聞く
②　コミュニケーションを通じて個人または企業の信頼を得る
③　トラブル発生時の臨機応変な対応
④　来店に至るまでのストーリーを把握し、顧客が想定し得ない思いもよらない提案ができる
Q2　前の設問で挙げたタスクをデジタル技術へ移管したときの弊害はありますか。
①　システムトラブルや機器故障によって常務に支障が出る恐れがある
②　デジタル領域を統括する専門人材が新たに必要に必要となり、プライバシーを含めた管理体制が必要になる
③　コスト増と人員減への対応が求められる
Q3　情報提供・旅行相談・予約手配・旅行サービスの消費中から終了までの顧客ケア、それらのうちで2030年のリアル店舗に残すべき機能はどれで、その理由は何ですか。
①　旅行相談以外は、懸念点さえ解消されればデジタル技術に移管。そのうえで本来傾注すべき旅行相談に集中すべき
②　トラブル発生時、タビナカのフォローには人が必要な点も。ただし、通常業務もあって人員を割くのが厳しい
③　次のニーズへの営業と位置付けるタビアトには人が必要な点も。ただ、デジタルツールをメインとしたコミュニケーションのもと、サブとして人を活用することでも対応可能
Q4　リアル店舗にで販売する旅行商品に「作り手の熱量」は込められていますか。
①　作成時点では相応に思いを込めているが、数が多いため結果として減少している
②　熱量はあるが表現不足
③　販売の現場にまでその思いが伝わっていない。なにより社員自身が商品を利用していないので
④　作り手が「誰」で、どんな主体なのかが伝わっていない。誰が言っているのかが重要な時代であるものの
Q5　リアル店舗に「プロ」がいることは社会的に認知されていると思いますか。
①　定義付けをどうするかは課題。店舗立地特性で変化する。方面別や分野別の得意領域が必要
②　商品知識から顧客対応に至るまで総合的なノウハウを持つことがプロ。「全て」が求められるが認知されていない
③　社内資格を保有していたり店舗経験が長かったりしても、そうした利点が表現できていない。ハクがない
Q6　販売員・個店・会社、それらのうちでいずれのファンを拡充すべきと思いますか。
社のファン。全国どこの店舗でも消費者に選んでもらう必要がある。ベースにブランドあってこその販売員
Q7　会社はお客様の声を「聞いて」いますか。
①　わかった気になっている。声をただ集めているだけで、「本当に求めていること」が拾えていない
②　深く知るためのツールや機会がない。そのための人が必要
③　アンケートを通じて意見を拾うが、その対応は数的にも質的にも不足している
④　サイレントマジョリティーはサービスに満足していると思われるが、実際のところはわからない
Q8　商品造成・店頭販売、それぞれの主体において消費者に価値を伝える「人格」は存在していますか。
①　デジタル時代だからこそ、人としての温もりを表現すべき
②　「人」としてお客様に向き合えていない
③　自社の決め事たる「製販一体」が機能していないばかりか、時代を読むことへの意識が欠落している。ズレている
④　経営理念やスローガンがあるものの、いずれもイメージ止まりで解釈が多様すぎて全く「使えない」
⑤　熱量がそれぞれの主体で出せていない。人間味あふれるアウトプットが必要だ

（4）枠組みにおける注目点

　サービス・プロフィット・チェーンの枠組みで検討するにあたっては、図5.10 にあるとおり、「利益を上げ、発展してゆくためには、まず、顧客に満足を与える従業員を満足させなければならないことが一目でわかる（Kotler et al., 2002）[注35]。」

表5.10　サービス・プロフィット・チェーンの考え方

1	サービス環境を整備する
2	従業員が満足し、サービスの生産性が高まる
3	より効果的かつ効率的に、顧客に価値を与え、良質なサービスを提供する
4	顧客が満足し、ロイアルティをもつ
5	健全な利益が上がり組織が発展する

（出所：Kotler et al.（2012）pp.60-61 をもとに筆者作成）

　しかしながら、チェーンの始点たる内部サービス品質の最適化を図るにあたって、「思い付きや偶然に頼って新たなサービスを創出するのは望ましくない（Kotler et al., 2002）[注36]。」つまり、詳（つまび）らかな調査や分析を踏まえたうえで、綿密な戦略策定のもとでの制度設計が求められる。具体的には、Lovelock and Wright（1999）において、「職場設計、職務設計、従業員の選抜・育成、従業員への報奨・表彰制度、サービス提供のための各種ツール」が対象として挙げられている[注37]。ただ、それらに取り組むにあたっては相応の年月を費さねばならないことが容易に想定できる。さらに、従業員満足向上、リテンションの維持と生産性向上……と、図5.5 に示した一連の流れを辿って最終目標を達成するには、あまりにも長い道のりが待ち受けることとなる。

　　サービス企業組織の収益性向上と成長は、大体にして顧客ロイヤルティが原動力となって推進される。顧客ロイヤルティは顧客満足がもたらす直接的な結果であり、顧客満足は顧客に提供されたサービスの品質に強く影響を受ける。顧客満足を得るだけの高いサービスの品質は、強く動機づけられ企業組織への忠誠心をもつ有能な従業員によって創造しうる。そして、その従業員の動機付けは主に高い品質を内部支援サービスと顧客サービスの提供を実現させるための種々の方策によってもたらされる。（蒲生、2008）[注38]

上記はサービス・プロフィット・チェーンの筋道を要約したものである。本章では、そのなかのサービス品質に注目することとしたい。その背景には3点の考え方がある。

① 売上の増加、収益性の向上たるゴールにできるだけ近接しており、短期的に目標が達成できる可能性を秘めている。

② 目標達成の大きな原動力となる顧客ロイヤルティに大きな影響力を有する要素として存在している。

③ 内部サービス品質に影響を及ぼすベクトルの起点も兼ねているため、結果として従業員満足の向上につながる。

その際、本節で記した検証結果を踏まえ、顧客が気軽に相談できる環境を醸成するために従業員にゆとりを感じさせるようなタスクの選択と集中を織り込むこととしたい。そして、先行研究レビューに基づき、次節では消費者の購買行動モデルに即して検討する。

なお、個人顧客がプロフェッショナル・サービスを購買する際の意思決定プロセスは、表5.11で示した段階を辿る[注39]。サービス品質は購買後に評価されるとあるが、小里（2011）による「人的付加価値」と「商品付加価値」に大別[注40]した旅行会社の提供サービスの考え方を援用して、評価の機会が二度発生するとの前提で論を進めたい。具体的には、人的付加価値を伴う購買に至るまでの旅行相談に関わる品質評価と、人的付加価値および商品付加価値を伴う旅行消費に関わる品質評価である。これは、後述する「P&Gでは消費者が製品（または製造者）を評価する機会は大きく二度あるとしており、一度目をFMOT（店頭）、二度目をSMOT（体験）としている（奥谷、2016）」との捉え方を無形財に置き換えたものともいえる。前者は第3節において論じ、後者は別の機会で研究する。その際、Lovelock and Wirtz（2007）によるサービス・マーケティング・ミックスのフレームから検討したい。

表5.11　個人の購買決定プロセス・モデル

購買前段階	消費段階	購買後段階
ニーズの明確化	購　買	購買後の評価
情報検索		
代替サービスの評価		

（出所：Kotler et al.（2002）訳書 図8-3をもとに筆者作成）

5.3　旅行相談に関わるサービス品質の検討

表5.12で示した「8P」の各項
目は、「競争の激しい市場で顧客
ニーズを満たすための効果的な
マーケティング戦略に不可欠であ
り、サービス・マーケティングの
八つの戦略手段と言えるものであ
る（Lovelock and Wirtz, 2007）
[注41]。」本節では、人的付加価値
を伴う購買に至るまでの旅行相談
におけるサービス品質向上方につ
いて、八つの項目のなかから三つ
の項目への着目を通じて検討す
る。具体的には、第1項では
「サービス・プロセス」、第2項
では「人」、そして第3項では
「物理的環境」の観点から述べる。

表5.12　サービス・マーケティングの「8P」

1	サービス・プロダクト： product elements
2	場所と時間：place and time
3	価格とその他のコスト： price and other user outlays
4	プロモーションと教育： promotion and education
5	サービス・プロセス：process
6	物理的環境：physicl enviroment
7	人：peaple
8	生産性とサービス品質： productivity and qually

（出所：Lovelock and Wirtz（2007）訳書 p.26
をもとに筆者作成）

なお、3点に抽出した理由は、第一に、サービス・マーケティング特有の戦
略から検討すべきと考えるに至ったことによる。「サービス・プロダクト」「場
所と時間」「価格とその他のコスト」「プロモーションと教育」の各項目は、
マーケティング・ミックスの「4P」と総称される製品（product）、流通
（place）、価格（price）、プロモーション（promotion）をサービスの特性に合
わせた[注42]ものである。そのため、モノのマーケティング戦略策定を源とす
るものといえる。この点を踏まえ、それら4項目以外の観点から検討すべき
とした。

それは、消費者の「ニーズ」が乏しく、事業者による価値提案が十分とはい
えないと前述してきたことの要因には、本書第2章で述べたように、伝統的
旅行会社が「交換価値」の提供にのみ立脚したビジネスモデルへの執着があっ
たと捉えたことによる。旅行商品を services[注43] として提供していたに過ぎ
ず、goods の提供に等しいものであったといえる。つまり、旅行商品をモノと
して販売することでサービスを完結する G–D ロジック（グッズ・ドミナン

ト・ロジック）の考え方に支配されていたことを意味する。

　たとえば JTB は 2018-19 年度の B to C 事業において、「売りモノ・売り方改革」に基づくプロダクト・アウトを「ならではの価値」と標榜[注44]していた。換言すると、顧客を販売のターゲットとしか位置づけていなかったのである。商品化にあたって社内でのコンテクストは存在していたと捉えられるが、顧客とのインタラクションに基づくナレッジの相互交換が十分だったと言い切ることはできない。顧客との双方向的・共同作業的な価値共創に基づく取組みがオンライン、オフライン両チャネルともに欠けていたと整理できよう。

　以上を踏まえると、S-D ロジック（サービス・ドミナント・ロジック）に基づくマーケティング戦略を推進することで顧客と価値共創を図る必要性を認識し、具体的な戦術を検討せねばならないといえる。そのため、サービス・マーケティング固有の要素に着目することとした。

　第二に、「生産性とサービス品質」の項目を他とは異なるステージで捉えたことによる。サービス・マーケティング特有の項目である「生産性とサービス品質」は、Lovelock and Wirtz（2007）がそれまでに Booms and Bitner（1981）の示した「7P」へ新たに付け加えた観点である。しかしながら、近年のサービス研究においては「7P」もしくは「8P」のいずれかが任意で用いられたり両方が併記されたりするなどしており、明確な選択はみられない。加えて、本稿は「サービス品質」の再定義を目的としているため、議論が循環することが想定されることから当該項目をもとにした分析は困難である。そのため、「サービス・プロセス」「人」「物理的観点」から検討することとした。

（1）「サービス・プロセス」の再設計

　前節で旅行会社のリアル店舗におけるあるべき姿を、顧客は気軽に訪問することが可能な、サービス提案にあたって「ゆとり」を背景とした内部サービス品質が構築されている状態であることを述べた。これらは、必ずしも元のプロセスの設計が不適切であったことに原因があるのではない。「技術革新や顧客ニーズの変化、サービス特性の追加や新たなサービスの出現によって既存のサービス・プロセスでは十分に対応できなくなってしまった（Lovelock and Wirtz, 2007）[注45]」からである。うまく機能しなくなったプロセスを再生するためには、サービス・プロセスの再設計が必要だ。Lovelock and Wirtz（2007）は、サービスの再設計方を表 5.13 のように類型化した。

表 5.13　サービスの再設計の 5 類型

1　付加価値のないものを削減する
サービスの最初と最後のプロセスを合理化すれば、顧客のベネフィットにつながるサービス行為に注力することができる。
2　セルフ・サービスに移行する
サービス・プロセスの見直しの際にセルフ・サービスを導入することによって、サービス生産性が大幅に改善し、さらにサービス品質が向上する場合がある。
3　サービスを直接提供する
顧客がサービス施設に出向くのではなく、サービス提供側が顧客の元を訪れてサービスを提供する。 顧客の利便性が高まるとともに、サービス提供側も高い施設費用が不要になれば、サービス生産性の改善にもつながる。
4　サービスをパッケージする
顧客セグメントごとに複数のサービス行為をひとまとめにして提供する。 サービスの生産性が向上すると同時に、顧客のサービス・コストの低減による顧客価値の向上が実現する。
5　サービス・プロセスの有形物を再設計する
サービス施設やサービス機器の変更によってサービス内容を充実させる。 顧客の利便性や生産性が向上し、さらに従業員の満足度や生産性も改善する場合が多い。

（出所：Lovelock and Wirtz（2007）訳書 pp.243-244 をもとに筆者作成）

表 5.14　旅行会社のリアル店舗が保有する機能

1　商品説明機能
旅行商品パンフレットの陳列、ポスターの提示。イベントやキャンペーンによる不特定多数を対象とする集客活動。
2　情報提供機能
POP 看板やポスターなどで商品に関する新情報や売れ筋情報を提供し、顧客を商品購買にナビゲートする。
3　販売促進機能
何度も来店してもらうための機能。旅行相談などの来店顧客対応、クレーム処理、DM などによる顧客管理。
4　商品提供機能
クーポン、切符など商品の受け渡しや最終日程表の交付など商品提供の窓口としての役割。
5　商品管理機能
自社データベースの旅行商品情報に基づく在庫残数の紹介、パンフレット在庫の確認、補充、返品。
6　存在認識機能
消費者に対し安心感や信頼を与える機能。企業名の看板提示、商品ブランドや所属業界団体の表示。
7　経営管理機能
企業における最も小さい単位のプロフィットセンターとして、経営管理機能的に完結した機能を備える。

（出所：西堀・中野（2004）をもとに筆者作成）

　第一のコンセプトにある「顧客のベネフィット」が気軽に相談できる環境で
あるとき、必ずしもリアル店舗で実践する必要のないタスクを「削減」するこ
とや、「セルフ・サービスに移行」するのは検討に値する。表5.14は、西
堀・中野（2004）が論じた、旅行会社のリアル店舗が保有する機能を整理し
たものである。気軽に相談できる環境を整備するには、「商品説明」や「商品
提供」、「商品管理」の各機能をオンラインへ移管し、「経営管理」機能は本社
等のバックオフィス部門へ移すことが肝要だ。顧客が旅行商品を購買するまで
のサービス提供側のタスクを可能な限り合理化することが求められる。

　Levitt（1981）は、「無形財を提供する企業は人間に依存する部分が多いた
め、品質管理が大変難しい」としたうえで、品質管理を容易にする手法を
「サービスの工業化」として提言した。それは、「サービス産業において人間に
依存する割合を減らす」ことであり、「労働の質を変えるように作業を再設計
すること」としている。そのうえで、「顧客の心のなかに、自社の存在とサー
ビスの中身を常に新しく意識させる（Levitt, 1981）」必要がある。それは、
「アフターデジタル」の概念とも重なる。藤井・尾原（2019）は、「デジタル
で絶えず接点があり、たまにデジタルを活用したリアル（店や人）にも来てく
れる」状態をアフターデジタルと表現している[注46]。顧客との接点をオンラ
インに集約することで、リアルの場所が「密にコミュニケーションできるレア
な接点[注47]」になると論じている。島川（2011）は、旅行業を取り巻く環境
と今後の展開について述べるなかで、「中間者の存在意義は、ネットでは絶対
に感じることができない直接、接する『人のぬくもり』にこそある[注48]」と
した。レアな接点たるリアル店舗において相談に特化したコミュニケーション
でサービス品質を確保したい。

（2）「人」による関与の再検討

　店舗へいかにして誘導するかを検討するときにどのようなコミュニケーショ
ンが必要となるか。小宮路（2012）は、「顧客と提供サービスとの出会い」が
意味するものをサービス・エンカウンターとしたうえで、「人的要素とのエン
カウンターにおけるサービス評価の決定的瞬間」を真実の瞬間（moment of
truth）と記している[注49]。FMOT（First moment of truth）は「P&Gが提唱
し、店頭が購買意思決定の最終場面として重要であり、ここに真実の第一の瞬
間がある」とし、奥谷（2016）はまた、「これを踏まえてGoogleが提唱した

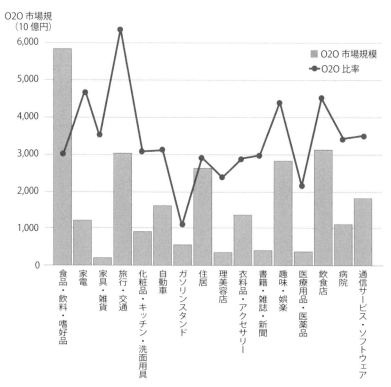

図 5.10　インターネットが影響を与えている消費の規模の試算結果
（出所：野村総合研究所（2015）p.22 図 13）

のが真実のゼロの瞬間である」と論じている。その ZMOT（Zero Moment of Truth）について、Lecinski（2011）は「顧客は店舗に来てから買うものを決めるのではなく、来店前にインターネットでの下調べを通じて意思決定を済ませることが多くなっている」とする。加えて、旅行サービスは日用品などの消費財に比べて消費者が参照する情報数が多く、ZMOT に影響される可能性が格段に高いことも示されている。

　こうした状況は国内においても明らかにされている。インターネットにより消費が喚起され、リアル店舗や EC 以外での通販で購買される市場を「O2O（Online 2 offline）市場」とした野村総合研究所（2015）は、図 5.10 に示した試算結果を発表した。旅行・交通の「O2O 比率」は他を圧倒しており、旅

行会社のリアル店舗での購買に際し、消費者がインターネットを使用して情報収集を行っている可能性が高いということを示唆している。この行動について吉井（2017）は、「知覚リスクを低減するために、チャネルスイッチを行い、情報探索と購買を行う」と指摘する。また、インターネットでの情報探索後にリアル店舗で購買を行う人を「リバース・ショールーマー」としたうえで、「情報探索行動にはソーシャルメディアが大きな影響を与える」とも示している。

　消費者の知覚リスクを緩和させるためには、何より信頼感の醸成が必須だ。無形財を購買してもらうためには、何らかの「代替物」を通じてそのサービス提供者から財を購買しても大丈夫との確信を抱かせる必要がある。

　ツーリズムにおける ZMOT を意識したコミュニケーションについて、Hu and Olivieri（2020）の研究がある。Club Med のケーススタディとして、ソーシャルメディアを介して顧客が自らの視点から体験を伝え、ブランドアンバサダーとして行動できるようにするべきと論じている。そうすることで、旅行会社の視点とは異なる視点からの最新情報を表現することができ、「舞台裏」の視点を獲得することが可能になるという。加えて、消費者がソーシャルメディアをより本物だと認識し、公開されたコンテンツに共感してもらううえで、ソーシャルメディア上でも「人」を感じさせるアプローチが必要と示している。先の節で示した「商品説明機能」「情報提供機能」およびそれらに付随する「商品管理機能」を ZMOT への対応策として SNS の活用を検討するに際して、「人」の側面を強調した取組みが必要だ。

　消費者とのインタラクションを踏まえたネットワーク構築にあたっては、第6章で紹介するアパレルやコスメ、家具の販売現場で活用されている「STAFF START」[注50] の取組みは示唆を与える。リアル店舗の販売員がインスタグラムを通じて自身のセンスやライフスタイルを表現することで、消費者への販売員からの商品購買意欲を向上させリアル店舗へと誘引する仕組み[注51] だ。販売員のストーリーやバックボーンへの共感が有意な「代替物」として機能している。

　そこで留意しておきたいのは、「もはや私たちの周りには、摂取しきれないほどの情報があふれているということ（高広、2013）[注52]」である。流通情報量と消費情報量には大きなアンバランスがある[注53] ため、心理学における選択的注意とされる「自分にとって重要だと認識した情報だけに注意を示すと

いう認知特性[注54]」を理解するとともに、「検索結果などで『見つけられる（Get Found）』ことを目指す、インバウンドマーケティング」の実践が求められる。どれだけ消費者行動を意識したとしても、売り込まれていると感じさせるような露骨なコミュニケーションであっては逆に信頼感を失ってしまうことに気を配る必要がある。

（3）「物理的な観光」を演出するオーセンティシティの表現

リアル店舗が「選ぶ場所」から「答え合わせをする場所」へと役割が変容したことを踏まえると、プロフェッショナル・サービスを裏付けるオーセンティックな空間へとサービス・システムの機能向上を図ることが肝要といえる。「商品説明機能」や「情報提供機能」を店内に実装する必要性は大幅に縮小する。つまり、顧客へさらなる安心感を醸成するための「存在認識機能」を強化する必要がある。もとより、消費者は特定の商品やサービスに限らずあらゆる財に対して真正性を求めている（Grayson and Radan, 2004）。そのう

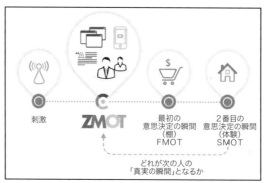

図5.11　Google が提唱した変化する消費者行動モデル
（出所：Lecinski, J.（2011）p16-17 をもとに筆者作成）

え、真正なものに接することや体験することがツーリズムに対するモチベーションとして界隈で議論されていることから、販売する商材として相性もよい。ZMOT におけるコミュニケーションをベースとして、FMOT においてはカスタマイズ性に富む商品特性を背景とした個別化やインプロビゼイション（即興サービス）の体験を通じたサービス価値向上を期待したい。「単に情報と人とをマッチングさせるのではなく、他の人の情報を参照した上でまた新たな情報を提示する、リコメンデーション[注55]」がその場で展開されることで、プロフェッショナル・サービス提供者への信頼性が向上するだろう。

　また、サービス環境は「サービスを提供する場所としての機能を果たし、顧客ニーズを満たさなければならないため、空間レイアウトと機能性が特に重要である[注56] (Lovelock and Wirtz, 2007)」。病院を彷彿とさせる待合スペースや、顧客に強迫観念を抱かせるようなカウンター席など、旧来からの様式美[注57] は必要とされない。提供機能を限定することによって、金銭やクーポン券類および情報の管理区画、また販売促進ツール等の保管場所を大幅に削減することが可能なため、顧客ニーズを第一に考慮した設えが検討できる。つまり、現下の店舗面積を必要としない。たとえば、座る位置によって相手の印象が変わるとされるスティンザー効果を期待した座席配置への転換や、ラフな行動を可能とするハイチェアーを準備するのも一考だ。

5.4　むすびに

　本章では、伝統的旅行会社がリアル店舗で展開する B to C ビジネスにおけるサービス価値向上の必要性を述べたうえで、その品質に関わる再定義を試みた。前節ではまず、オンラインでの顧客とのつながりを中心に据えたうえで、レアな接点たるオフラインの場を顧客が気軽に相談できるような環境とするよう示した。「人」ならではの価値提案が実践され、「競争の舞台」たる資産が有意化すると考える。次に、消費者の多くが店舗訪問以前に情報探索する行動プロセスを踏まえたうえで、効果的なコミュニケーションを行う必要性を述べた。無形物を購買するための信頼につながる代替物を販売員への共感とする他産業の知見は示唆を与えると考え、知覚リスク軽減に至るソーシャルメディアを介したつながる体験によってサービスの価値は向上すると捉える。最後に、すでに相応の購買意思決定を済ませて来店する顧客に対して、パーソナライズされた商品を迅速に提案することで的確な one to one コミュニケーションを

実践し、プロフェッショナル・サービスの真正性が感じられる機会を提供する必要があることを提示した。

　伝統的旅行会社におけるリアル店舗のサービス・コンセプトに関する研究例は少ない。このことから、既存のサービス・マーケティング研究をベースとして、実証研究を踏まえながら探索的にサービス品質の再定義を試みることで論を進めた。先行研究事例が乏しいテーマゆえに、制約された条件下で論じたことから限界性があり、今後の課題も多いと考えている。「リアル店舗への処方箋」を提示することを目指したものの、独自の調査をさらに積み重ねることで客観的に深堀りするまでには至らず、さまざまな知見をオムニバス調に展開するにとどまった。

　本章はサービス品質に着目する論考だったが、従業員満足を充足させることはサービス提供企業にとって重要な経営上の課題であることは強調しておきたい。本稿では新型コロナに伴う影響を対象には含めていないが、新たな観点においてリアル店舗における販売のあり方や活用の方法について議論の余地がある。実務における課題を解決するためにも、消費者文脈における当該領域の研究が蓄積されることを期待したい。

【注】

1) リアル店舗や自社インターネットサイト、電話販売などクロスチャネルで旅行商品を販売する従来型旅行会社（Traditional Travel Agency）。本稿では、事業多角化を進めるエイチ・アイ・エス、カタログ販売に注力する阪急交通社、ジャルパックなど航空会社傘下企業は対象から除いた。

2) たとえば、コロナ禍における衛生面を意識した対面販売施策

3) たとえば、日経ビジネス（2019 年 7 月 8 日）

4) たとえば、日経電子版（2019 年 12 月 26 日）、日経 XTREND（2019 年 8 月 22 日）、日経ビジネス（2019 年 12 月 23 日・30 日）

5) たとえば JTB は、「未来のお店のカタチ」と銘打ったリモート接客型の無人化店舗「MY TRAVEL Living」は開店から約 2 年で閉店した。また、全国 12 店舗で「相談料金」の収受を試行したが、「多くのお客様のご意見を踏まえた結果（JTB、2019）」終了した。

6) 日経ビジネス（2019 年 6 月 24 日）p.81

7) 「JTB 支店・総合提携店一覧」「JTB 支店一覧」「JTB トラベランド一覧」「JTB 総合提携店一覧」より作成。団体旅行及び契約法人出張のみを取り扱う店舗、特定組織内店舗、JTB 旅行関連会社、グローバルラウンジ、サンライズ・センターは集計対象外とした。それぞれ 1 月 10 日現在。ただし、2005 年は 1 月 19 日、2006 年は 1 月 13 日、2007

年は 1 月 19 日、2008 年は 1 月 18 日、2009 年 1 月 8 日、2010 年は 1 月 12 日、2011
年は 1 月 11 日の各日時点での情報。

8) 観光庁（2021）「旅行・観光消費動向調査」。

9) 法務省（2021）「出入国管理統計」をもとに筆者算出。

10) オンライン旅行会社。旅行商品を専らオンラインで販売する旅行業者を指す。本報告
書では、Online Travel Agency の頭文字をとって「OTA」と表記する。

11) 牛場他（2018）pp.41-43

12) Kotler et al.（2002）訳書 p.131

13) Intangibility（無形性）、Heterogeneity（異質性）、Inseparatability（不可分性）、Perishability
（消滅性）からなるサービスの特性。本書 pp.23-26 参照

14) 小里（2013）pp.276-286

15) 藤井（2020）p.23

16) Grönroos（2007）訳書 pp.71-73

17) Kotler et al.（2002）訳書 p.60

18) 前掲 p.21

19) 前掲 p.21

20) Kotler et al.（2002）訳書 p.195

21) Kubr（2003）訳書 p.3-4

22) Heskett et al.（1997）訳書 p.15

23) 前掲訳書 p.127

24) 近藤（2007）p.225

25) 前掲 p.226

26) A 労働組合：調査時期：2019 年 10 月～ 11 月、回答率：83.9%（有効回答件数 1,410
件／配布数 1,680 件）。B 労働組合：調査時期：2020 年 1 月～ 3 月、回答率：53.8%
（有効回答件数 1,052 件／配布数 1,954 件）。いずれも全組合員を対象とし、無記名、封
筒密閉回収方式にて回答を回収した。設問数、設問内容は異なる。

27) 佐藤（2012）p.52

28) Herzberg（1968）訳書 p.15

29) 前掲 p.16

30) 以下変数はそれぞれ記載の条件を満たす人の回答。A ／難しい仕事をやり遂げたとき
に一番働きがいを感じる人（n=327）、C ／仕事に責任を持たされたときに一番働きが
いを感じる人（n=103）、D ／自分が進歩・向上していると実感したときに一番働きがい
を感じる人（n=324）、E ／昇進したときに一番働きがいを感じる人（n=66）

31) Herzberg（1968）訳書 p.16

32) 前掲 p.35「苦痛を避けようとする動物的な欲求と、心理的に成長しようとする人間的
な欲求」

33) 前掲 p.35

34) 調査時期：2019 年 2 月 13 日～ 14 日、有効回答：全国 1,030 サンプル（20・30・

40・50・60 歳代の年代 × 性別、各カテゴリー 103 人ずつ）、マクロミルネットリサーチを活用したインターネット調査による。

35）Kotler et al.（2002）訳書 p.61

36）Kotler et al.（2002）訳書 p.210

37）Lovelock and Wright（1999）訳書 p.155

38）Heskett et al.（1994）pp.166-170 の「筋道を文章にして辿る」とした要約

39）Kotler et al.（2002）訳書 p.191

40）小里（2011）p.105

41）Lovelock and Wirtz（2007）訳書 p.26

42）前掲 p.26

43）専門化された知識やスキルを消費に適用する行為を単数形の service としたのに対して、従来の無形財サービスを表す語として複数形を用いることで Vargo and Lusch（2004）は識別した。

44）観光経済新聞（2019 年 6 月 11 日）

45）Lovelock and Wirtz（2007）訳書 p.242

46）藤井・尾原（2019）p.47

47）前掲 p.47

48）島川（2011）p.64

49）小宮路（2012）pp.27-29

50）一般社団法人サービス連合情報総研（2020b）p.9「店舗に所属する販売スタッフによるデジタル上での接客を可能にし、自社通販サイトでの売上貢献度も可視化することで、販売員を軸にオムニチャネル化を推進するアプリケーションサービス」

51）物理的な訪問が不可能でも自社通販サイトにおいてデジタル上での接客が可能であり、オンライン販売を通じた売上貢献度が可視化されるため、販売員を軸としたオムニチャネル化が推進できる。

52）高広（2013）p.18

53）総務省（2011）を参照した。

54）高広（2013）p.20

55）前掲 pp.46-47

56）Lovelock and Wirtz（2007）訳書 p.307

57）一般社団法人サービス連合情報総研（2020a）p.7

第6章　類似環境下にある他産業から学ぶ店舗の価値

6.1　家電量販店「街のでんきやさん」

街を歩いていると、どこでも目にする「街のでんきやさん、パナソニックのお店」。これだけ家電量販店がしのぎを削り、e-コマースも普通に利用されるようになったにも関わらず、昭和の時代からそのまま続いている街のでんきやさんは、現在も全国で約1万店存在する。もう時代遅れのように見えるこれらの店舗は、自宅兼店舗でやっているから家賃も必要なく、一見惰性で経営していて、店主の引退と同時に店を閉めるような状態なのかと思ってしまうが、なんのなんの、なんとこの時代に売り上げを伸ばしているところも少なくないのである。それは、松下電器（現パナソニック）の創業者松下幸之助のこの言葉に象徴されている。

「売る前のお世辞より、売った後の奉仕」。時代が変わっても、変わらないものが街のでんきやさんにはある。それがわかる消費者に選ばれ続けているのである。

ここでは、神奈川県相模原市において50年以上地元密着で2店舗を経営してきた株式会社日電社の田所文男社長にお話を伺った。

日電社の店舗と田所文男社長

（1）日電社　田所　文男　社長インタビュー

―― 最近の売り上げはいかがですか？

田所社長　一時期は量販店にやられていましたが、最近では、量販店に対して押し戻しています。売り上げは伸びています。

―― その要因はどのようなところにあると思われますか？

田所社長　売ってそこで終わりではなく、最後まで面倒を見るところだと思い

ます。こちらの都合で薦めるのではなく、お客様の家庭環境まで熟知してい
るので、たとえば、このお客様はそろそろマンションから一戸建てに引っ越
ししそうだな、と思ったらそれも踏まえて薦めるようにしています。また、
松下幸之助さんは、「ものを売る前に人を売れ」と言われていました。「この
人から買いたい」と思ってもらえるように、誠意を持って商売をしていま
す。

——若い世代はドライではないですか？　少しでも安いところに流れることは ありませんか？

田所社長　確かに若いうちは、一銭でも安い方に向かっていく傾向はあると思
います。しかし、50代になると余裕ができて、安さだけで選ばなくなって
来るので、戻ってきます。特に、家庭で子どもの言いなりではなく、安さだ
けで判断せず、価値あるものを購買するように説得ができる親に育てられた
子どもは、成人してから、戻ってくる傾向にあります。そして、案外と人は
10年前の会話でも覚えているものなのです。一度、お金がないので今回は
ちょっと安い量販店で買いますよと言われたときも、また余裕ができたらお
願いしますねと言って気持ちよく応対します。そうしたら、10年後とかに
また戻ってくれることもあるのです。

——安さに流れることのデメリットを教えてください

田所社長　以前に市役所も入札で安さだけで納入業者を決めたことがありまし
た。しかし、あっという間に壊れて、修理もできませんでした。しかし、当
社から納入したものは不具合があっても修理して使えるから、20年、30年
と稼働します。安物は3年で壊れます。壊れたら修理代も高額なので、ま
た新しいものを買った方が安いということになり、捨てるのみとなっていま
す。これではゴミだらけになってしまいます。

——不具合があったときに、修理が前提となっているのですね

田所社長　実は同じパナソニック製品も、量販店に卸しているものと、パナソ
ニックのお店に卸しているものとは、ものが少し違います。まず鉄板の厚さ
が違います。見えないところに金をかけているのです。それは、修理が前提
となっているから、修理しやすく、そして長く使っていただける仕様になっ

ています。量販店は壊れて引き取るのが前提だから、鉄板が薄くて軽い方がいいのです。

──どのくらいの世帯数の顧客をお持ちですか？
田所社長 登録しているのは3,600世帯、家庭の背景まで熟知しているのは500世帯。上位2割が売り上げを支えています。この人たちは余裕があればいいものを買いたいと考えています。これらのお客様をいかに大事にできるかにかかっていると言えます。

──一般のお客様が、その上位2割に位置付けられる上顧客になるためにどのような工夫が必要ですか？
田所社長 困りごとを解決したときに、期待以上の成果があるとファンになります。

──商圏はどのように考えていますか？
田所社長 半径500mだと知名度が上がりますが、基本的には商圏は考えていません。現に、市役所とは14kmの距離があります。商圏という考え方よりも、商いは朝早く始めることが大事だと思っています。ただ、かつては人よりも30分早く始めるようにするといった努力が実を結んでいたときもありました。ですが、いまはそれだけでは難しい。お客様のニーズは常に変化しているので、仕事の組み立て方を考えるのです。そうは言っても、お客様の利便性に合わせていくというスタンスは変わりません。

（2）日電社 田所文男社長インタビューから見えたこと
田所社長は、お客様の家庭環境をかなり深くまで熟知しているところが印象的であった。家族構成、年齢などは当たり前、その家庭の教育方針、しつけの仕方まで理解して、それにあわせて家電の提案をしている。まさに信頼関係のなせる業だ。

そういえば、筆者も子どものとき、いつもかかりつけのでんきやさんが来ていて、テレビ等の家電製品はそこから買っていた。あのときの安心感、すっかりどこかに置き忘れていた感覚だ。目先の安さに負けて、大事な安心感というものを失っていた。

　また、このような街のでんきやさんを支援する仕組みをメーカー側がきちんと整えていることに感動を覚えた。しかも、量販店やネットビジネスから文句が出ないようなスキームでそれが形成されている。翻って、旅行・観光関連産業の流通でそのようなことには全く意識がされていないことから、インターネット専用の旅行会社（OTA：オンライン・トラベル・エージェンシー）にどんどん持っていかれていることは、当然なるべくしてなってしまったのだと感じた。

　このインタビュー以降、私は自分のライフスタイルを見直してみようと思った。そこで思いついたのが、処方箋薬局だ。処方箋薬局はだいたいそれぞれの医院のそばの薬局を使っていたから、トータル４〜５軒を使っていた。チェーン店も多かったから、毎回担当者も代わり、私の顔と名前など覚えてもいない状態だった。たまたま対応が悪い薬局があり、腹が立ったので、家の近くで親父が一人でやっている古くて小さい処方箋薬局へ、そこに処方箋を持参してみた。色々世間話や薬の裏話なんかもしてくれて、楽しいひと時を過ごすことができた。しばらく経って、別の病院にかかり、処方箋をもらったので、敢えてその親父の薬局に行ってみた。そうしたら私を覚えてくれていて、前の薬が効いたかどうか聞いてくれた。そのときに、医薬分業とはこういうことだったのか、医者は私のことがわかっていなくても、かかりつけ薬剤師はちゃんと私のことを理解しているという安心感はなにものにも替え難いものだと実感した。それ以来、家族全員の薬はすべてこの親父の薬局に買いに行くことにした。

　薬のネット販売が解禁になろうと、安いドラッグストアが近所に開店しようと、私はこの親父の店をこれからも使い続ける。

　そろそろ、うちの冷蔵庫も古くなってきて、作動が怪しくなってきた。近所の街のでんきやさんを開拓しようかと考えている。

6.2　リアル店舗のトンガリ努力

　リアル店舗で業績を上げている人たちは、「自分たちは何を売っているのか」を知っている。物販店だからといって、物を売っているというだけでいいのだろうか。「e-コマース」が全盛といわれる時代に、老舗のリアル店舗はどんなことを考えているのか。港・横浜で知らぬ人はいない、地元の顔である２店舗の社長に聞いた。

（1）ザ・ポピー　織田　俊彰 社長インタビュー

冒頭から私事で恐縮です。不惑の歳を迎えた頃、大正生まれのいまは亡き叔母から、「横浜に住んでいて40歳にもなったのだったら、元町ポピーのジャケットぐらい着なさい」といわれたことが忘れられません。最期まで粋人（すいじん）だった叔母だったけど、東京のそれと違うのは、あくまでも横浜の人だったからだろうと思うのです。

横浜元町の老舗「ザ・ポピー」

私が小学生の頃まで米軍の住居が残っていて、高校の頃でも週末の横浜駅にはセーラー服姿のアメリカ水兵が繰り出していました。思い返せば、潮目は「プラザ合意」による円高で、アメリカ兵も横須賀に引きこもってしまってから出てこない。外国人墓地のある山の手には、貿易商の欧米人も多数居住していて、洋館には本物の外国人が住んでいた。だから、元町は「ハイカラ」の本場であって、最新モードは東京ではないというのがハマっ子の自慢でした。

その元町を代表する、紳士服の老舗が、「ザ・ポピー」です。

──お店のモットーには、創業者の精神があると伺っています。

織田社長　先代が、「個性は流行からは生まれない」と口癖のように言っていました。だから、当店では「流行は追わない」ようにしています。ベーシックを基本にしています。

──例を挙げるとどんなことですか？

織田社長　色でいうと、4色です。紺、黒、グレー、エンジ。一般的によく「紺」が似合うといいますが、紺はスーツの色次第では浮いてしまうものです。どんなスーツにも合うのはクリーム色、エンジなど中間色なんですが、それだとこんどは個性がなくなるので、あまりお薦めしていません。

──初めてジャケットを購入させていただいたときは、それはもう見事なご案内でした。いくつもある中からこれって選んでくれて、スッと腕を通した

らピッタリで、思わず「これください」と決めました。ものの 30 秒でした。すごいなと。

織田社長　体型とサイズはみただけでわかります。あとはご本人の雰囲気ですかね。

──どうやって訓練されるのですか？

織田社長　訓練？　そうですね、この店で生きてきましたから自然とです。ただ、第一印象が重要ですね。お客様の目の動き。いろんな種類を手にして悩む方もいらっしゃいますが、結局は最初の印象に戻ります。そのへん、紳士服なので男性の皆さん選ぶのは速いですね。

──自分で選ぶお客が多いですか？

織田社長　奥様と一緒に来店される方ももちろんおられます。「その色」とか「柄」、「あなたもっているじゃない」と奥様が別のを選ぶように促されますが、ご本人は好きな「いつもどおり」を選ぶんですよ。だから、私共も無理に別のはお薦めしません。結局、同じようなものを集めて買っているようになりますが、それが本人の「好み」だから、それでいいと思います。

──なんだか自分のことみたいです。

織田社長　私も同じですよ。好きなものをコレクションしています。だから、プレゼントでという場合には、ご本人がいつも着けているのはどんなものかをお聞きします。せっかくプレゼントしたのに、愛用してもらえないのは残念ですよね。だから、似たようなのをお薦めしています。

ザ・ポピーの織田俊彰社長とショーケース

——電車の中で、ポピーさんのジャケットをみかけると仲間意識を感じます。
　　胡桃(くるみ)のボタンの形状でわかりますね。

織田社長　デザインのオリジナルということであれば、7割の商品がオリジナ
ルです。

——そんなにもあるのですね。

織田社長　山の手の外国人が主な顧客だったので、ご自身の母国で売っていた
服で、ご本人お気に入りのものと同じのを作れと言われて始めたのがはじま
りです。手軽に一時帰国もできない、船での旅が主流の時代でしたから、日
本で手に入らないのか、という本人のこだわりにお応えするということでし
た。それが増えてしまったので、7割にしたい、とか、7割を維持したいと
いうことではありません。

——気がついたら、という結果なのですね。

織田社長　ですから、国産の生地でもいいものと、生地は外国からの輸入と
か、さまざまです。それで、「デザインのオリジナル」ということになりま
す。

——トラディショナルへのこだわりについてはいかがですか?

織田社長　創業者が英国ファッションのファンで、とにかく英国に憧れがあっ
たんです。ところが、山の手のお客様と米軍は、どちらもアメリカ人がお客
様なので、ミックスしちゃったんです。だから、当店オリジナルは、英国に
もアメリカにもない。それがまた、おもしろいという評価を頂くことになり
ました」

——英・米の折衷なのですか。てっきり「ザ・英国トラディショナル」と思っ
　　ていました。

織田社長　たとえば、オリジナルのワイシャツがそうです。当店にしかないデ
ザイン・カットになっています。それに、先代は英国かぶれにもかかわら
ず、生涯で1回しか行っていないんですよ。元町商店街の店主たちの欧州
見学旅行の1回だけです。

――それはまた、ドル持ち出し規制の時代ですか？

織田社長　そうですね。1ドル360円で、特別な許可だったと思います。欧州各国を回って、最後が英国だったかと。

――ポピーさんだけでなく、商店街で行ったことに「元町らしさ」がありますね。

織田社長　元町商店街の店主たちだから許可されたのだと思います。皆さんそれぞれ専門店ですから。

――「舶来品」といえば、むかしは東京からわざわざ横浜に買いに来ていましたね。

織田社長　オリジナル以外の「どうしても」は、いまでも輸入品を扱っています。セーターやベスト、マフラーや手袋あたりがそれです。

――「厳選」というイメージがありますが。

織田社長　やはり当店らしい逸品を輸入しています。お客様がいつ頃にご購入なさったかで、その品のメーカーがわかります。お客様が飽きないように少しだけ変化させますので。

――英国製が多いのですか？

織田社長　種類によって、になります。ただ、英国人の保守的な特徴が、「サイズ」に表れていて、何年経ってもぴったり同じなんですよ。国で「規格」があるんでしょうね。メーカーが別でも同じです。それに対して、イタリア製は、同じサイズのはずなのに、去年仕入れたのと今年とで、同じメーカーでもサイズが違うんですよ。

――ネット販売だと怖いですね。

織田社長　お恥ずかしながら、当店のホームページはもう何年も更新していなくて放置しています。やはり、来店される方が優先で、お客様の姿を見ながらでないと。

──ただ売れればいいというわけではない。

織田社長　それはもう、選ばれるお客様のご意見が重要ですから、写真でどうぞ、サイズはこちら、というわけにはいきませんし、お客様にも「なにがあるのかな？」という宝探しのような期待もございますでしょうから。

①　危機を呼ぶ職人不足

──すっかり横浜もふつうの地方都市になってしまいました。

織田社長　山の手も外国人がいなくなりましたから、わがままな注文が少なくなりました。

──往年からしたら、危機的状況ですね。

織田社長　それは、作り手の職人がいないという危機と、お客様がスーツにネクタイをしない時代になったことがあります。

──職人さんと職人さんが使う道具の維持・管理ができないこともありますか？

織田社長　まったくその通りですね。特に職人不足は深刻で、私共もとうとうオーダーワイシャツのご注文をお断りすることになってしまいました。日本人の腕のよい職人が絶えたら、私共も看板をおろさないといけなくなるかもしれません。

──若い人が職人にならない。

織田社長　職人に夢がない国になってしまい、とにかく後継者がいない。まさか外国に発注することもしたくありません。

──できあがりの品質管理ができない。

織田社長　そうです。やっぱり日本人の手で作ったものを売りたいですね。なんとか若い人に魅力的な仕事なんだとわかってもらいたいです。

──消費者意識という点ではいかがですか？

織田社長　むかしは一生ものを大事に着るというのが普通でした。いまは使い

捨てですね。いいものを一生着るっていう方が贅沢だと思いますけど。実際に、安いものを数年で買い換えるのなら、かえっていいものを選んだ方が経済的でもあるんですけど。みなさん目先の流行を追いかけますね。

──まさに当店のモットーですね。おしゃれの概念が変わったのでしょうか?

織田社長　みなさん「個性」といいながら、同じものを着ているのが不思議です。それとフォーマルとカジュアルの段差が低くなってきました。その点でいえば、おしゃれの概念が変わったというよりも、本当のおしゃれを知らないような気がします。メリハリの付け方がコツなのに、もったいないです。

②　観光地としての商店街ではあるけれど

──「横浜」という観光地にあっての元町という立地についてはどうですか?

織田社長　確かに観光地ですから、観光客の入店は7割、常連さん3割です。ただし、常連さんは最初からご購入が目的の来店なので、売上という面では逆になります。

──観光客が「横浜のポピーさん」に訪れた記念に、ということで購入することはないということですか?

織田社長　おそらく、それで店内を覗かれるのでしょうけど、紳士物ですから、男性は必要以外、なかなか旅先でのご購入はしないですね。

──目的客になっていない。

織田社長　なかにはいらっしゃいます。それからお気に召して常連化が始まりますから。ただし、女性の購買意欲と男性のそれは違います。

──むしろ男性は、「ここ」と決めたら一途みたいな。

織田社長　そうですね。小物からぜんぶ当店で揃えたくなる。浮気をしない。私共もそうしていただけるような商品ラインナップをしてお待ちしています。

――「ザ・ポピー・スタイル」の「提案」ですね。

織田社長　紳士物は、お店の側も好みの違いがありますから、他店さんに行く
と当店のスタイルと違う。そうなると、合う合わないといった面倒が起きま
す。ここが、あれこれ違いを楽しまれる女性と男性の別ですね。

――「クールビズ」以来、ネクタイも着ける機会が減りました。

織田社長　ある意味考えられないですね。キチッと身なりを整えるのは、紳士
の身だしなみの基本ですから。

――すると、紳士絶滅の危機ですね。

織田社長　衣服はそのひとの気持ち（精神）を表現するから、個性的なファッ
ションに意味があると思いますけど、中途半端な服装だと気持ちも中途半端
になって、所作も荒くなります。まさに紳士を自己演出することが、人間に
は必要だと思います。ですから、スーツを着ない文化はいけません。

――お客様との共創という点ではいかがでしょうか？

織田社長　私共は、お客様の好みをくみとって提案させていただいております
ので、常連さんになりますと、好みがだいたいわかります。そこで、仕入に
反映させます。こんな方なら、あんな小物もお似合いだろう、と。

――それがちゃんと売れる。

織田社長　そこは商売ですから。しかし、嫌がるものは押しつけません。長い
おつき合いが前提です。

――ポピーさんから薦められたら間違いないということもありますね。

織田社長　ありがとうございます。そういう店でありたいと考えています。

（2）高級フルーツ専門　金久保商店　金久保 豊 社長インタビュー

　横浜を代表する「飲み屋街」（およそ600軒ともいわれる）で有名なのが「野毛地区」である。ただし、野毛には、野毛山動物園があって、動物園の前には野毛山公園（敷地内には日本初の近代水道「旧野毛山配水池」の跡地がある）と、公立としてわが国最大級の蔵書数を誇る「横浜市立中央図書館」が文化エリアの顔としてそびえている。

野毛商店街にある高級フルーツ専門の金久保商店

　そんな野毛地区の中心地に、ハマっ子でしらないものはいない「果物」の有名店が、金久保商店なのである。

──「超」がつく有名店さんの営業中に恐縮です。

金久保社長　えっ、有名なんですか？そんなことないでしょう。こんな店で。

──いえいえ、おいしいものしかない、ということでは間違いないかと。

金久保社長　自分で食べて、旨いものしか売りませんから、それならわかります。変態なんですよ。

──すごい個性ですね。

金久保社長　いい果物ってのは、「甘い」とか「酸っぱい」じゃないですよ。「旨味」でなけりゃなりません。「旨味」には、香りとか濃厚さとかいろいろあります。それで、面倒だから「旨い」と言っています。

──絶対に旨い。

金久保社長　それは、僕の感覚です。だから、違うじゃないか、という人は別にうちで買わないでいい。「甘い」だけのものが欲しかったら、どうぞ別のお店に行ってください、いくらでも「甘いだけ」はあります。というのが僕の「絶対に旨い」です。

——どうやって仕入れているのでしょうか？

金久保社長 東京の大田市場です。僕はここでも「変態」と言われています
　よ。仕方ないですよ。その通りなんだから。

——**近所の横浜卸売市場ではない。**

金久保社長 大田市場も近いけどね。やっぱり種類が違う。それに、もう40
　年やってますから、僕の顔を見ればみんなわかっていて、いいものがあれば
　必ず声をかけてくれます。なにしろ、僕は絶対に「値引き要求しない」のでも
　も有名な「変態」ですから。

——**価格交渉をしない。**

金久保社長 しません。無駄です。ぜんぶ言い値で買います。

——**市場で価格交渉をしないとは初めて聞きました。**

金久保社長 みなさん勘違いしていますよ。どうして値引きを要求するのか僕
　にはわかりません。だって、それより少し上乗せして売ればいいじゃないで
　すか。

——**質より量を求めるとそうなりますね。**

金久保社長 はい。うちは量より質です。質がないものは売りませんから。ま
　してや、いいものを作っている生産者さんたちのためにも、値段は叩きたく
　ない。だから、下手すると売るものがなくなる。季節の変わり目は緊張しま
　す。

——**「旬」ですね。**

金久保社長 それも勘違いです。ただ「旬だから」と言っても、必ずしも「旨
　い」とは限りません。まぁ、そういって僕を騙す人も市場にはもういませ
　ん。二度と取引しませんから。

——**なんだかドキドキするお話しです。**

金久保社長 市場の人の持っている情報がすごいんですよ。商品情報だけじゃ
　ありません。たとえば、東京の有名フルーツ店さんが何をいくらで仕入れた

かも教えてくれます。

──なるほど「情報」も買っているから値引きしない。

金久保社長　そう。それもあります。やっぱり人情でしょう。言い値で買うことの付加価値ですね。あと、僕はいつも店を離れることができない。だから、市内だって他店さんがどんな商売をしているかなんてしりません。東京の有名店さんにだって、僕は行ったこともない。でも、だいたいどんな様子かわかるんです。

──人気商品の動きも、ですね。

金久保社長　へぇ、そんなものを有名店が仕入れたの、とかもね。うちでは扱いませんけど。

──信頼を得る努力のかたまりみたいです。

金久保社長　そんな難しいことはわかりません。とにかく「旨味（旨い）」だけですから。

──その方針を曲げないってことが普通はできないかと。いろんな誘惑がありそうです。

金久保社長　たしかに、モヤモヤした誘惑はありましたが、お客様はごまかせません。その方がよほど怖い。僕が選んだものに間違いがあったらたいへんだ。

──それが地元の信頼ですね。

金久保社長　うちのお客様は、この周辺に1％もいませんよ。99％は、地元ではないです。

──「プロ」相手という意味ですか？

金久保社長　ご家庭用にしろ、プロにしろ、この店の周辺の方々には、うちの価格では買えません。たとえば、横浜

金久保商店に陳列される果物

の有名ホテルで、おつき合いのあるところはありません。箱根とか熱海とか
のそれなりの宿の料理長が電車で買いに来てくれます。

――相手の仕入に当たっても値引きはしない。

金久保社長　しません。こんどはうちの言い値です。

――すると、そうした宿などの経営者も品質を優先させているということですね。

金久保社長　そうなるでしょうね。でも、仕入れ値とか原価とかに見合うから
　仕入れる、と考えるしか、長いおつき合いができません。そうしたところし
　か、うちの果物は買えません。

――すごい信頼関係ができている。

金久保社長　個人のお客様だって、お金持ち、とは限らない。「旨い」とか、
　他店にない「味を覚える」と、もうやめられない。ふだんの生活のなかに、
　うちの果物がメリハリをつけているってこともあるようです。

――場所柄なのかなんなのか、キムチでも有名ですね。

金久保社長　これにはちょっとした事情があって、僕が淡路島の農家、成井修
　司さんがつくる日本一のタマネギに惚れこんだんです。それで、どうしても
　このタマネギのキムチが食べたくなった。僕が川崎のキムチ屋さんの先代と
　市場で知り合って仲よくなっていたので声かけしたら、作ってくれまして。

――自分が食べたい。

金久保社長　そうなんですよ。それからいろいろとわがまま言って、うちだけ
　のオリジナルも作ってくれています。

――先日「キャンディ・キャベツのキムチ」をいただきました。

金久保社長　あのキャベツも特別で、ものすごい糖度ですから、「キャン
　ディ」と呼んでいます。その甘さがキムチに合うだろうなってことで。申し
　訳ありませんがまた来年です。今年はもう終わりました。

――漬けるタレの発酵度合いとアミやらの旨味がすごいですね。ここにも「旨

味」が登場します。

金久保社長　それはちょうどよいタイミングでお召し上がりになった。自然発酵ですから、だんだん旨味が増します。

──この時期ならではのキムチもあるんでしょうね。

金久保社長　「ニラ」と「イカ」がオリジナルであります。ニラはちょっと辛くて、匂いもきついかもしれませんが、「旨味」のある根に近い部分だけで作っています。葉先の部分は入っていません。イカは、イカめしのように胴体に野菜のキムチを入れてあります。どちらもクセになりますよ。

──果物というと輸入品の取扱いは多いのですか？

金久保社長　基本的に国産で、輸入品は少ないです。

──今様の「安心・安全」でしょうか？

金久保社長　僕にとって重要なのは、作り手の「顔が見える」ことに尽きます。それは、上手に作る人の名前です。どうしても外国産は作り手が誰だかわかりません。

──取り扱っている輸入品は、逆によほどの自信が必要だと？

金久保社長　そういうことです。

──ずいぶん前からファミレスとかでも、農家の顔写真をメニューに入れ始めました。

金久保社長　そうですね。有名な産地でも、あんがいと上手に作る人は少なくて。たとえば、ミカンといえば有名な県がありますが、僕は仕入れたことがない。2〜3軒の農家が上手に作っていることはしっていますけど。

──県単位で仕入れない、がある。

金久保社長　旨くない。有名な県だからといっても、ダメならダメです。

──どういう勉強をされるのでしょうか？

金久保社長　特にはありませんよ。ただ、なにしろ好きでやってきて40年で

すから、頭の中にいろいろあります。

——それが、安全にも直結している。

金久保社長　果物の味ということでいえば、本来の味ですね。これには、香り
　とかいろいろありますけれど、これがバランスよくできているものは、だい
　たい安心です。ちゃんと作っている。変に甘いとか、本来と違うものは、お
　かしいとわかります。ただ、市場にも本物がわかる本物のプロは少ないで
　す。

③　「リアル店舗」ということについて

——そういえば、お店をネット検索してもなにも出てきません。

金久保社長　僕はネットが大嫌いなんです。だから、ここにはパソコンもあり
　ません。ホームページなんて作ろうと考えたこともありません。

——リアル店舗であってこそだと。

金久保社長　そうです。ただし、この場所が最高にいいとは思っていません。
　むしろ、後継者になるだろう息子は、もっと人通りがある場所に移転すべき
　という思いはあるようです。とはいえ、僕がやっているうちは、移転も考え
　ません。この通りを何回か通って、「気になった」といって入店して以来、
　常連さんになるお客様がこれでもありますから。

——失礼ですが鄙びた外観ですが。

金久保社長　近代的なキラキラの店にしようという気がないからこうなってい
　ます。でも、潰れずにいつも店が開いている。なんだろう？って。

——そうしたら、めったにない「本物」しか置いてない。

金久保社長　はい。初めてのお客様は、驚かれます。なんだこの店は？と。

——それも狙いの演出ですか？

金久保社長　演出ということはないですね。むかしからこの間口でこの店づく
　りですから。ただ変える気がしないというだけです。

――とにかく「旨い」を売るということを変えないという意味でもある。

金久保社長　ハハ、どうぞご自由に。

――金久保さんなら安心だ。

金久保社長　ありがとうございます。そこがうちみたいな商売の生命線です。

　ただひとつ、僕は毎晩不安に駆られているんですよ。明日、お客様が一人も来ないかもしれないって。

（3）2店舗のインタビューから見えてくるもの

　紳士服とフルーツ。販売している商品の違いはあるけれど、2人の店主の言葉には共通点がたくさんある。エッセンスにして一言にすれば、自分たちが売っているものは何かを知っている。それは、「服」でも「果物」でもない。これらは、媒体に過ぎないのである。そして、リアル店舗あってこそのこだわり。決して物を置いている、ということではない。

　そこには、歴代店主の想いが圧縮された、むかしからの「時空」がある。お客様たちは、この「時空」に身を置く幸福感が欲しくてやってくるのである。そして、その幸福の片鱗を購入して持ち帰る。

　しかして、店主たちの不安こそ、お客様との真剣勝負に負けるかもしれない、ということの気合いの裏返しではないのか。すると、陳列された商品群が、冷たく鋭利な光を放つ、日本刀の輝きに見えてきた。

　なるほど、お客たちは、ある意味、この切れ味を自ら試しているのである。そして、店主にスパッと切られる、圧倒的な実力差を体感することの快感。

　ネクタイが、ジャケットが欲しいのでも、マンゴーやメロンが欲しいのでもない。

　本当はこれらのモノが、ここにある理由が欲しいのである。そして、その理由を求めるには、時空のなかに飛びこまないといけない。だから、バーチャル空間では不可能なのである。

　結果的に、ある人はネクタイを買い、あるひとはマンゴーを買う。これを繰り返すうちに、「なにかあるだろうから行ってみよう」になって、もう理由は問わなくなるのである。そして、なにかを必ず見つけて購入することが人生の彩りになる。

　おそるべし、リアル店舗である。

6.3　アパレル業 EC 時代のオムニチャネル店員の存在感

　「アマゾン・エフェクト」という言葉に代表されるように、あらゆるモノやサービスが e-コマースで購入できるようになり、そのことはすっかり一般化することとなった。デジタルを起点としたさまざまなイノベーションによって、黄色信号が灯されていたリアル店舗の存続のゆくえ。しかしながら、新型コロナウイルス感染症（以下、新型コロナ）の世界的流行に基づく、対面での至近距離におけるサービス従業員とユーザーとのインタラクションがままならない「3密」を回避、忌避する社会状況は、店舗の存在を風前の灯火へと追いやることとなった。

　旅行各社ではリアル店舗ならではの価値提案を試みるべく、「人」に注目したさまざまな施策が進められている。たとえば、ウェブサイト上の店舗紹介では、スタッフ個々人の名前や顔写真に加え、販売を得意とする国や地域といった情報、さらには海外渡航歴や保有資格などのプロフィールを列挙。どのような「旅のプロ」が集っているのかを詳らかに PR することで、消費者のあらゆる知覚リスクを軽減するとともに店舗への訪問意欲向上を図っている。とはい

STAFF START のコーディネート写真
（画像提供：バニッシュ・スタンダード / 筆者にて一部加工）

え、それらは自社のオウンドメディアを主戦場とした展開にとどまっており、社会情報として広く流通するには至っていない。リアル店舗を今後も維持し続ける経営判断がなされるのであれば、デジタル技術をいかに活用してリアル店舗へと消費者を誘うか、その関係を再定義することが「復興」の条件になるといえるだろう。

　他方、リアル店舗の販売員によるデジタル技術を通じたユーザーとのコミュニケーションをフックにして、アパレル業の売り上げを大幅にアップさせているシステムが近年界隈を賑わせている。バニッシュ・スタンダード社による STAFF START である。

　アパレル店舗に所属する販売スタッフが撮影したコーディネート写真に商品の情報をリンクさせて、自社の EC サイトやインスタグラムなどの SNS への同時投稿を可能とするスキームだ。つまり、「デジタル上での接客」を可能にし、自社通販サイトでの売り上げ貢献度も可視化することで、販売員を軸としたオムニチャネル化を推進するサービスといえる。

　サービス開始は 2016 年。始めはコーディネート投稿アプリとしてスタート。その後、ユーザーである販売スタッフの声を吸い上げ、より使いやすく売り上げに繋がるサービスへと改良を加えた。そして、自社通販サイトでの販売スタッフごとの販売額といった貢献度を可視化し評価に繋げることで、販売スタッフが店舗と通販サイトとの区別なく商品を販売するモチベーションを向上することに成功する。自社通販サイトで販売に貢献したスタッフへ、販売額に対し平均 3％を報酬として支給するインセンティブ制度を設けている企業もみられ、販売スタッフの働き方にも影響を与えている。STAFF START の活用が浸透した企業では、販売スタッフがインスタグラムなど SNS を活用し顧客とのコミュニケーションを強化、ファンを獲得し店舗への送客に繋げ「会えるインフルエンサー」として活躍するなど、人が人を呼ぶ循環を生み出し、オムニチャネルのあり方を大きく変え始めている。

　2019 年 12 月 12 日、バニッシュ・スタンダード代表取締役 CEO の小野里寧晃氏に話を聞いた。氏が考える EC 時代に生き残る新・小売店とは。リアル店舗の逆襲策とはあるのだろうか。

（1）バニッシュ・スタンダード社　小野里 寧晃 社長インタビュー

──サービスを始めたきっかけは何ですか？

小野里社長　いろいろあるのですが、一番は、アパレル販売員さんたちのモチベーション向上と待遇の改善に貢献したかったからです。リアル店舗は、現場で忙しく働く彼ら・彼女らに支えられながらも、さまざまな構造的な課題を抱え、さらに近年の EC の隆盛により売り上げや利益が圧迫されるといった現状にさらされていました。

　販売員さんの働く環境を改善していくためには、販売員さんたちの売り上げを伸ばしていく必要があります。そこで、売り上げを拡大するためにシステムをツールとして活用してもらうことで、モチベーション向上を狙ったわけです。

小野里 寧晃 社長

──システムを完成し実装するにはどのくらいの時間がかかりましたか？

小野里社長　開発には 1 年ほどかけて、実装し軌道に乗るイメージを感じられるまで 1 年半ほどかかりました。

──システムが展開可能なアパレル以外の領域はいかが␣お考えですか？

小野里社長　現在進行中なのは、コスメ、それに雑貨と家具です。これからはあらゆる業界に展開できればと考えています。販売員さんがいる現場なら全て対応可能です。

　もちろん、モノに限らず旅行のようなコト消費もカバーできます。得意なエリアや分野がある販売員さんにシステムを通じて問い合わせて、提案されたプランを申し込んだらその販売員さんの売り上げになるイメージですね。

──大手旅行会社で 10 年ほど前に似た取組みがあったものの頓挫しました。何かが足りなかったのでしょうか？

小野里社長　販売員の方、その人自身の生活という要素に引かれて、消費者は

商品やサービスを買いたくなるものです。基本的には、スタッフの「センス」を表現することが重要です。アパレルは、見た目・外見のセンスをインスタグラムで表現できればよいのでわかりやすいですね。他にたとえば家具ですと、売り手の生活スタイル。

　インスタグラムって、基本的にその人の「生活レシピ」を現していると思います。何かを売ろうとしている人のストーリーやバックボーンに共感して、初めて顧客は購買するわけです。外見ではなく、その人の「人となり」をインスタグラムで表現することがポイントだと考えます。

——消費者における購買行動のきっかけが切り替わったタイミングをどう考えますか？

小野里社長　SNSが流行り始めた頃からでしょうが、それを僕が最近可視化できたからだと思います。それまでは、たぶん誰も気づけていなかったのではないでしょうか。企業やブランドありきで考えられていたので、まさか販売員が売り上げ向上のきっかけになるとは思わず、むしろ軽視していた存在に近かったと思います。

——販売員自身の情報発信にはインスタグラムが最も有効なのですか？

小野里社長　流行っているので取り入れているだけで、実際は何でも構いません。ただ、インスタを見ればその人の生活が直感的に理解できます。このライフスタイルレシピがいいなと思えば共感して、この人から買うことに繋がるわけです。

——個人アカウントを使っているのですか？

小野里社長　そうです。ただ、販売員さんの所属会社で、情報発信に伴うリスクを敬遠される方は大勢おられます。ただ、そんなことよりも、やったほうが正しいという考え方のほうがいまは勝ってしまったのでやってもらっています。販売スタッフと企業との信頼関係をベースに、あらかじめ最低限の約束事を伝えて、各スタッフの良識の範囲で運用してもらっています。

——古い会社は二の足を踏みそうですね。

小野里社長　もはや、そういう企業は何も進化はできない時代だと思います。

ただ、SNS の活用は「炎上」に気を遣う必要があります。しかし、インスタグラムという媒体での炎上って聞かれたことはありますか。基本的に「映える」ことを意識する場であり、他人を攻撃する場ではありませんから。そういう意味合いでも優秀な使える媒体だと思います。

――企業側としては長期的なスパンでの取組みとしては難しそうです。

小野里社長　販売スタッフ個人に顧客が付くコミュニケーションですから、好きなスタッフがお店を辞めれば、顧客はまた他の人に付くことになります。

　ブランド側とスタッフが長期にわたって関係性を育み続けることを期待するのはいかがでしょうか。というのも、アパレルに限らず長期雇用自体が令和時代の考え方ではありません。若い人たちは、簡単に辞めます。むしろ、どうやったら長く働いてもらえるかという視点が不可欠です。そのあたりに理解が乏しい企業さんでは導入が難しいかもしれません。

――販売スタッフの属性は問いませんか？

小野里社長　性別、年齢ともまったく問わないです。その人の考え方とか、いままでの経験やセンスが左右します。若いとセンスがないとか、年を取っているとセンスがないとかはありません。

　ただ、販売する商品のことが好きか嫌いかという要素は大きいですね。自社の洋服が好き、おしゃれなネイルが好き、メイクが好きと、本当に好きなことを発信しているかどうかはわかるものです。旅行で展開するならば、店頭の店員さんたちが本当に旅行好きで、たとえばハワイがめちゃめちゃ好きで、ここでこれを買いましたといった内容を発信していけば、ファンが付くのではないかと思います。

――旅行の場合、旅への愛着を示すのは当然としながら、共感されるライフスタイルを表現することが大事なわけですね。

小野里社長　そのとおりです。どこの誰かもよくわからない人からスペインがいいですよと言われたところで、何を信じられるでしょうか。やはり、その人を信頼できてからでないと、旅行商品を購入するという意思決定はできないというものです。そのためにも、普段の生活を知ってもらわねばなりません。ですから、インスタはとてもいいと思います。

　あと、スペインだったらスペインというところの知識がきちんとあると
か、詳しいというところも的確に織り交ぜていく。この人からスペイン旅行
を買えば間違いないなと思わせるような投稿を混ぜていくのも必要ですね。
ただし、あくまで付加するイメージです。それをベースでやってしまった
ら、完全に商業アカウントになってしまいますから。

――「映える」生活をしていない人には不向きかもしれません。

小野里社長　そういう方は、インスタグラムでの情報発信ではなく、ブログな
どのテキストの方がいいかもしれません。とはいえ、文章は面倒臭がってな
かなか読まれないかもしれません。

　エンドユーザーにとっても、センスの光る画像やストーリーを発信するア
カウントをフォローしたいものです。良い悪いというより、情報取得の形が
こういうものになってしまったので、そういう人たちのほうが有利だと思い
ます。旅行に関してはわからないですが、アパレルの場合は間違いありませ
ん。

**――商品知識やサービスの背景を語れることと、販売員の人柄や生活スタイ
　　ル。それらの優先度をどう位置づけていますか？**

小野里社長　商品知識があることは大前提です。ただ、この商品しかありませ
んよという強いアピールを前提とした PR は絶対にありえません。販売ス
タッフがどういう人なのかというストーリーを把握してファンになってくれ
たときに、「この私が言うから買いたくなるでしょう」という雰囲気を醸成
したうえで、そして初めて説得力を持たせる商品知識を役立たせるという順
番です。知らない人に言われてもステマですから。いつの時代であっても商
品知識は最終的な決定打ということです。

――時代に刺さった革新的なスキームだと思います。

小野里社長　販売スタッフへの「共感」がキーワードですね。わかりやすく売
り込まれている感じがしないというのが心地よいと感じられる。露骨な商業
アカウントでコミュニケーションを図ったところで、誰も付いてくることは
ありません。

——旅行業界からの引き合いはありませんか？

小野里社長　いまのところはありません。僕らも全然積極的に営業しているわけではなく、どんどん声がかかってくるのをお受けするというスタンスです。ただ、旅行業でも始められると思います。昔から旅ブロガーのような人はいますし、インスタでも旅行風景をたくさんアップしているアカウントがありますよね。うまく活用できれば実装可能だと思います。それを受け入れる土壌はできているような気がしますから。

第7章　旅行業界の存在価値

7.1　激変する旅行業界

（1）旅行業の現状　減少する第1種旅行業

　㈱JTB（以下、JTBと表記）や㈱日本旅行（以下、日本旅行と表記）など全国ネットワークで営業する旅行会社は、総合旅行会社として幅広いビジネスモデルを展開してきた。これらの旅行会社は、旅行業法上の分類では、国内、海外の募集型企画旅行（パッケージ旅行）、受注型企画旅行（団体旅行）、手配旅行すべてを取扱うことのできる第1種旅行業として登録されている場合が多い。以下、表7.1^(注1)は、観光庁が調査した「旅行業者数の推移」である。2020年度には、第1種（上述）が686社、第2種（第1種と比べ、海外の募集型企画旅行のみ取扱不可）が3,043社、第3種（海外、国内を問わず自社で募集型企画旅行を行うことはできない）が5,692社、地域限定旅行業が369社、旅行業代理業が620社となっている。10年前の2010年の数値と比較すると旅行業者数の総数は、ほぼ横ばいである。ただこれは、インバウンドを中心とした着地型旅行催行を目的とした地域限定旅行業者（2013年から設定）の増加による。

　第1種旅行業者は約1割減少しており、さらに旅行会社が企画したパッケージ旅行の代理販売を主業務とした旅行業代理業者は約3割も減少している。

表7.1　旅行業者数の推移

年度 種別	2010年度	2020年度	2010年度比
第1種旅行業者	769	686	89%
第2種旅行業者	2,744	3,043	110%
第3種旅行業者	5,891	5,692	97%
地域限定旅行業者*	—	369	—
旅行業者代理業者	879	620	71%
合　　　計	10,283	10,410	101%

＊地域限定旅行業者は、2013年より設定

特に、第1種旅行会社がターゲットとした修学旅行や職場旅行などの受注型企画旅行や募集型企画旅行を中心とする従来型のビジネスモデルが時代にマッチしなくなってきていることを示しているといえる。

（2）　露呈する経営の脆弱さ

　日本の旅行取扱の多くを占める大手旅行会社は、第1種旅行業者がほとんどで、総合旅行会社として修学旅行、職場旅行などの受注型企画旅行、募集型企画旅行、MICE（Meeting、Incentive、Convention、Event）などを中心に多岐に渡り取扱いスケールメリットを追求していた。以下、表7.2[注2]は、観光庁が調査した「2018（平成30）〜2020（令和2）年度主要旅行業者の旅行取扱状況（速報）」の「総取扱額」（旅行区分別の取扱額）の2010年度との比較である。2020年度は新型コロナウイルス感染症（以下、新型コロナ）の影響で大幅減少したことで単純比較は難しいため2019年度と比較した。2019年度の取扱額を見ると、外国人旅行はインバウンド政策の推進により333％と拡大している。一方、海外旅行67％、国内旅行70％、合計でも72％と取扱額の減少が大きい。さらに、2020年度は、新型コロナの影響ではあるが、海外旅行と外国人旅行がほぼ0になるなど、旅行業経営の危うさ（平和産業であること）が再認識される。時間が経過すれば、新型コロナからの旅行者減少は回復が期待される。一方、政治問題や異常気象など世界はますます混沌とすることが予想される。テロや大型自然災害が発生すれば、その都度大きな影響を受けるのは必至であり、旅行業の経営基盤の脆弱さが浮き彫りとなっている。

　大手旅行会社では、ポスト新型コロナに向け各社ともビジネスモデルの変換を表明している。JTBは、地域ソリューション事業本部やビジネスソリューション事業本部の設置。クラブツーリズム㈱と近畿日本ツーリスト㈱などからなるKNT-CTホールディングス㈱は、700万人の会員組織を擁するクラブツーリズム事業の拡大や法人（団体）事業の強化。日本旅行は、Webを基軸としたJRセットプランの圧倒的優位地位の確立や、アライアンスパートナーと共創によるソリューションビジネス（非旅行分野を含む）への転換を目指すなどとしているが、残念ながら各社施策はリストラが目立つ。JTBは、本社ビルや主要グループ会社の売却やグループ社員7,200人を削減、国内店舗は約25パーセントの115店も閉鎖する。KNT-CTホールディングス㈱は、2024年度までに、7,000人の社員を3分の2に削減する。日本旅行では、2022年

表 7.2 「主要旅行業者旅行取扱状況年度総計」年度比較 （単位：兆円）

旅行形態＼年度	2010年度	2018年度	2019年度	2010年度比	2020年度	2019年度比
海外旅行	2.20	1.68	1.51	67%	0.04	3%
国内旅行	3.66	2.81	2.58	70%	0.94	36%
外国人旅行	0.06	0.19	0.20	333%	0,009	0%
合　計	5.93	4.68	4.29	72%	0.99	23%

度までに店頭（カウンター）店舗を 2020 年度の半数以下の約 90 店舗に削減し、社員も 2019 年度の 3 割減を目標とすると発表した。

　大手旅行会社は、新型コロナ以前から、募集型 / 受注型企画旅行中心のビジネスモデルから、ソリューション型（問題解決型）ビジネスモデルへ重点を置くようになっている。しかしながら、最近では広告代理店と競い「地域活性化」ビジネスと称したイベントやマップ作製などのプロモーション事業拡大に腐心する。従来、旅行会社は地域の宿泊施設や自治体などからは、団体や個人客など「送客力」を持っているから信頼されてきた。他地域との競合や自然災害などで観光客が減少したエリアへは、集中送客をして援助もした。逆に、旅行会社が価格や客室の確保で苦労していると、地域を上げて旅行会社に協力した。まさに、運命共同体として日本の地域観光を牽引してきたのだ。しかしながら、最近では、広告代理店やシンクタンクのように、観光関連の予算を獲得すれば、「地域に観光客が来なくても、後は地域の仕事」という大手旅行会社もある。OTA（オンライン・トラベル・エージェンシー）の台頭で屋台骨であった旅館やホテルの代理販売が激減し、団体旅行も減少するなか、新たなビジネスモデルを模索する必要はある。だからといって、刹那的な「予算獲得ビジネス」をソリューションと称するのは甚だ疑問である。

7.2　日本の旅行会社の特徴

（1）旅行会社の基盤を作った日本旅行会

　日本の旅行業界の始まりは、1905（明治 38）年の「日本旅行会」（現在の日本旅行）の設立である。創設者南新助が滋賀県草津駅で駅弁屋の本業の傍ら、善光寺、高野山、伊勢神宮各参詣団を取扱ったのが日本の旅行会社の始まりである。

　南新助は、1885（明治 18）年 6 月滋賀県生まれ。祖父が大変な旅行好きで

旅行の話を多く聞き、幼少期から「旅行のお世話をすることによって人のため世のために尽くそう」と考えるようになった。また、実家の南家が国鉄草津駅の構内営業（弁当販売）や車内食堂事業への参入許可で国鉄に大変恩義を持ち、団体旅行のあっ旋により国鉄の増収を図り恩返しがしたいと考えるようになった。

　南は、「お客様を親切に取扱い、お客様のご満足を以って第一のモットー」として、いかにしたらお客様に喜んでもらえるかということにあらゆる努力を払った。そのために、列車内での沿線説明や給茶サービスはもちろん、郷土芸能の披露もした。観光地で名物を間食として提供し、暑いときには、スイカやカチ割、寒いときには、汁物の提供をした。また、臨時列車内に謄写版を持ち込み、車内新聞を発行、連絡手段としたとの記録がある。しばしば、最初の予算以上にサービスしてしまうことがあったとも記録されている。この親切な対応で日本旅行会が顧客からの信用を得て、会社発展の礎となった。国鉄当局もこの団体旅行に大いに関心を持ち、運賃は通常の5割引の5円45銭と大幅な割引を得ることができた。この団体旅行は、人気コースとなり、出発地も神戸以西姫路付近まで拡大した。以降も大正から昭和初期にかけて、全国の有名観光地を目的とする一般観光団体や宗教団体や招待旅行と取扱を拡大、団体旅行に関しては日本旅行に限るとの定評を得て当時の日本随一の旅行会社となった。

　南新助は、社員に対して「百聞は一見に如かず」と常々語っていた。添乗時にはお客より朝早く起きて下見をし、出かける機会があれば、観光地や旅館を視察し最新状況を把握すること。また、一度案内したお客は永遠のお客として「顧客名簿の整理」をすること。旅館や運輸機関のサービスレベルも高い時代ではなく、湯茶や間食を配るなど「お客様に対する親切」についても常々指導をしていた。日本旅行会の哲学は、日本の旅行会社のサービスの基盤として引き継がれていった。

　そして、日本旅行会創設の7年後の1912年（大正元年）には、外国人誘客を目的としたジャパン・ツーリスト・ビューロー（現在のJTB）が設立された。戦後の旅行業は、1945年財団法人東亜交通公社が財団法人日本交通公社に改称したことから再開する。進駐軍の旅行幹旋、復員軍人や在留邦人の引き揚げ輸送や国の復興も目的とした「第1回国民体育大会」への選手団の輸送を担当した。その後、修学旅行の取扱も開始し、これらのノウハウを活用し

て、1948年からは、国鉄と日本交通公社との共催による臨時列車「共催臨」の
運行も開始され、日本における「団体旅行」が復活した。その後も、修学旅行
や宗教団体の例祭、そして職場の結束力を高めるための職場旅行など、団体旅
行は増加して行く。JTBは、国鉄乗車券類や旅館やホテルなど宿泊施設の代理
販売を始め、1962年から、国鉄、日本航空および全日空との提携による宿泊
と乗物が組み合わされた「セット旅行」の販売を開始した。セット旅行が募集
型企画旅行の原型となり、国内外の旅行が一般国民にとって身近なものになっ
たといっても過言ではなく、日本の観光の発展の大きな貢献をしたといえる。

（2）鉄道会社との関係

　日本の旅行会社の発展の歴史は、鉄道と密接な関係があることがわかる。上
述の日本旅行も1968年増資の際に国鉄からの資本参加を受け入れた。すでに
日本交通公社（現在のJTB）は、国鉄の出資を受けていた。以下、表7.3^(注3)
は、観光庁が調査した「2019（令和2）年度主要旅行業者の旅行取扱状況
（速報）」の取扱額の上位10社である。2020年度は、新型コロナの影響で大
幅に取扱額が減少しているので、2019年度分を掲載している。
　取扱上位1〜10位のうち6社が鉄道会社系列、2社が航空会社系列と親会
社が運輸機関の会社が目立つ（★で表記）。取扱上位10社の旅行取扱額の
52.4％を占める。

表7.3　2019年度「主要旅行業者旅行取扱状況年度総計」（上位10社）

順位	社　名	取扱額 （百万円）	10社内 シェア	親会社 運輸機関会社
1	JTB	1,577,140	44.3%	＊1
2	KNT-CT ホールディングス	459,291	12.9%	★
3	日本旅行	424,942	11.9%	★
4	阪急交通社	335,605	9.4%	★
5	ジャルパック	178,259	5.0%	★
6	ANAセールス	173,760	4.9%	★
7	東武トップツアーズ	122,515	3.4%	★
8	エアトリ	118,598	3.3%	＊2
9	名鉄観光サービス	87,376	2.5%	★
10	ジェイアール東海ツアーズ	81,514	2.3%	★

　＊1：主な株主　公益財団法人日本交通公社、東日本旅客鉄道㈱、東海旅客鉄道㈱
　＊2：OTA（オンライン・トラベル・エージェンシー）

　なぜ、運輸機関（鉄道会社や航空会社）は、グループ会社に旅行会社を持つのであろうか。理由は、鉄道や航空の利用者の創出のためである。鉄道各社は、通勤・通学輸送を拡大しながらグループ企業を発展させてきた。たとえば、鉄道会社では晩のラッシュ時の輸送量を確保するための、設備（ホームや車両）や職員を確保している。鉄道に関しては都心ターミナルと反対側の地方側ターミナルは、観光地の場合が多い。たとえば、東武鉄道は日光・鬼怒川、小田急電鉄は箱根、近畿日本鉄道は伊勢・志摩などである。そして、観光鉄道やバス・タクシー・遊覧船・宿泊施設・土産店などの観光関連の関連会社を擁するのが私鉄グループの経営の特徴である。

　地方側のターミナルは沿線人口が少なく、利用客は少ない。特に、平日の昼間や週末は閑散とする。これを観光客で埋めようと、私鉄各社とも旧来から、観光に力を入れてきた。設備投資や系列の旅行会社の運営コストは必要となるが、鉄道利用需要を創出できるのだ。昨今は、郊外駅周辺の大規模再開発による鉄道利用者拡大を鉄道事業者の経営柱とするが、莫大なコストが必要となる。さらに新型コロナにより、一般社団法人日本民営鉄道協会の「2020年度輸送人員調査」[注3]によれば、大手私鉄16社平均では乗客は、定期客マイナス35.2%、定期外客マイナス26.7%、合計マイナス30.2%と大幅に減少している。旅行需要創出による、沿線エリアへの観光流動創出がますます重要となる。

　一方、JRグループは、私鉄とは違い観光鉄道など観光関連企業を基本的には多くは擁していない。他方、新幹線という巨大動脈を擁し、多額の運行や管理コストを要している。北海道・北陸・九州新幹線に至っては、人口減少が続く地方都市に向けて現在も建設が続く。東京〜中部〜関西〜九州地区を結び、東京・名古屋・大阪・広島・博多など、沿線に巨大都市を持つ東海道新幹線以外は、安定した利用を見込めるビジネス客の利用は少ない。新幹線においても、この「空席」を埋めるのは観光客なのである。JR東日本は㈱びゅうトラベルサービス、JR東海は㈱ジェイアール東海ツアーズ、JR西日本は日本旅行など関連の旅行会社を擁し、新幹線を中心に自社路線への観光客を中心とした、鉄道利用者増を目指している。これらの会社は、駅内に旅行店舗を設置し、自社沿線をはじめ旅行販売をできるという強みがあった。しかしながら、OTAの急拡大は店頭店舗経営を圧迫している。

　一方、旅行販売上位の㈱エイチ・アイ・エス（以下、H.I.Sと表記）と楽天

トラベル（楽天グループ㈱）[注4] は、独立系の旅行会社であり、基本的には JR をはじめ鉄道との契約はなく乗車券類などの発売はできない。H.I.S は、JR 利用の募集型企画旅行に関しては、他の旅行会社の募集型企画旅行を受託販売している。逆に親会社の呪縛がないだけに、H.I.S は海外旅行、楽天は OTA と、各社の特徴を特化する販売戦略が可能となり大きく成長している。

（3）航空会社との関係

　次に、旅行会社と航空会社の関係について考える。1964 年に海外観光旅行が自由化され、海外旅行の大衆化が始まった。航空機がプロペラ機からジェット機に代わり、スピード化・大型化が進むと同時に、航空会社は 1964 年にスイス航空のプッシュボタンや 1965 年には、国産初のパッケージ旅行「ジャルパック」などを航空会社自ら次つぎに発売した。その後、しばらくは、大手旅行会社による団体旅行が海外旅行の中心を占めていた。さらに、1970 年 1 月にパンアメリカン航空、同年 4 月に日本航空でボーイング 747 型機（通称ジャンボジェット）が就航した。従来のボーイング 707 型や DC8 型ジェット機では、最大 200 席未満であった搭乗人員が 350 ～ 400 名と一挙に倍になり、航空会社が座席を埋めるべく、旅行会社に積極的に座席を販売したため、第二次海外旅行ブームが起きた。また、JTB の「ルック」や日本旅行の「マッハ」などのパッケージツアーが次つぎと誕生した。1970 年に約 69 万人であった海外旅行者数は、1979 年には約 400 万人と急増した。

　1970 年施行の航空憲法に基づき、硬直的な航空政策が継続された。認可運賃はマーケット価格とかけ離れた価格となり、その結果、非合法な格安航空券が市場に氾濫していった。この実態を踏まえ、旧運輸省は 1994 年に現在の運賃制度の原型となっている国際線に新運賃制度を導入した。「個人割引運賃（PEX 運賃）[注5] では一定の幅のなか、航空会社が個別に運賃を設定できるゾーン運賃を設定、その後下限価格も撤廃された。その結果、航空会社が戦略的な運賃を設定し販売できる環境となり、現在の航空会社の直接販売の始まりとなった。

　また、航空券の販売（発券）額に応じて航空会社から旅行会社に支払われる追加販売手数料（キックバック。以下、KB と表記）により、旅行会社の海外旅行部門収支を成り立たせていた。しかしながら、経済環境が厳しくなるなかでは、KB 額によって、海外旅行の市場価格が決定するという販売手法はマー

ケットからも大きな不信を持たれることとなった。またコストを削減したい航空会社からは、KB は次第に敬遠されてしまった。

　その後、PEX 運賃シェアの拡大とともに、航空会社の発言力は高まり、航空券発券時の販売手数料が 2001 年から 9%→ 7%→ 5% と減少し、2008 年～ 2009 年には、販売手数料 0%（ゼロコミッション）へと下げられた。旅行会社はパッケージ旅行の値下げに投入する原資がなくなり、旅行価格（プライシング）の主導権は航空会社のものとなった。さらに、2020 年からは航空会社は募集型企画旅行に対応する新個人型包括旅行運賃（新 IIT）(注6) を導入した。この運賃は、空席状況などに連動して価格を変動させる価格変動型運賃を適用したダイナミックプライシング型である。この新 IIT が登場するまでの間、旅行会社は、半期ごとの仕入れ交渉などであらかじめ料金を設定する固定価格が適用されていた。パンフレットに料金が印刷されており、販売状況でツアー料金が可変できない募集型企画旅行は急激に市場競争力を失っている。旅行会社は、国内線航空利用の募集型企画旅行販売を店頭によるパンフレット販売から、インターネット販売への変更を求められることになる。鉄道会社でも募集型企画旅行用のダイナミックプライシングを開始しており、旅行会社は大きな曲がり角を迎えている。

　高度成長期、航空会社は、大型航空機（ボーイング 747 など）での大量輸送を戦略の柱とした。反面、座席供給量の多く空席も目立った。その空席を大量に仕入れて、募集型／受注型企画旅行で大量販売して発展したのが従来の旅行業界である。しかしながら、昨今の航空会社は、中型機（ボーイング 787 など）・小型機（ボーイング 737 など）による効率的な運行を戦略の中心とする。これは、一度に大量の客を運ぶより少人数を多頻度で運ぶほうが効率的であるとの考えによるものである。この結果、旅行会社が販売する座席の不足に拍車がかかることとなった。さらに、地域振興事業やマイレイジ事業の強化など事業内容を航空輸送本業からのシフトチェンジさえ開始している。日本は、島国でもあり、多くの旅行会社の屋台骨である海外旅行をはじめ「航空座席の確保」がビジネスには絶対に必要不可欠である。販売する座席が不足する日本の旅行会社の立場は、ますます厳しくなるといえよう。

（4）宿泊施設との関係

　日本の宿泊産業は 1948 年に旅館業法、1949 年に国際観光ホテル整備法が

制定され、戦後の旅館やホテルは法的整備のもとで近代化が進められた。同時に旅行会社（当時は、旅行斡旋業者）が数多く誕生した。国鉄と共同催行による全国の温泉地を目的地とする団体旅行の取扱が開始され、1960 年頃までは、旅行形態の大部分は団体旅行であった。

　旅館側を例にとると、鉄道・高速道路などの交通ネットワークの整備に対する期待や旅行会社からの送客に対応するため、次つぎに新築や増築を行い、大宴会場や遊戯施設などを備える団体旅行型旅館が増加した。団体の種類は、企業の職場旅行をはじめ、金融機関や農協の積立て旅行、婦人会旅行、宗教団体旅行などである。旅行内容および旅行先は、全国に整備された国立公園・国定公園の自然景観や寺社仏閣などの有名観光地とされ、宿泊地は有名温泉地の大型旅館であった。夕食は、大宴会場における豪華な料理が定番であった。

　旅館やホテルなど宿泊施設と旅行会社の密接な関係は、旅行会社からの「送客」（旅客斡旋契約）によって成立している。旅客斡旋基本契約とは、旅行会社が宿泊施設に送客すると、宿泊費の一定額（通常は、10 〜 20％程度。送客実績などによって、施設ごとに異なる。）を宿泊施設より受け取る契約である。これらの契約は、OTA がなかった時代には、旅行会社と宿泊施設にとってもビジネスの命綱であり、相互にメリットがあった。旅行マーケットが成熟すると、団体旅行は自由の利かない旅行と考えられ始め、徐々に家族やグループでの旅行が増加し、その傾向はさらに強まっている。好景気で大型団体の送客があるときは、宿泊施設と旅行会社の関係は良好であった。しかしながら、OTA の台頭や団体旅行が敬遠される旅行スタイルが主流となり、旅行会社からの送客が大幅に減少し、近年、旅行会社に対する宿泊施設の信頼度は急降下している。

　宿泊施設側は、「売れ残った客室は返室されるまでは再販売できない」「募集型企画旅行の販売価格や商品展開は旅行会社が一方的に考える」「パンフレットの掲載内容についてもほとんどすべて旅行会社が決める」などの不満を持つ。一方、OTA の場合は、宿泊施設側が自由に料金設定や写真掲載ができるなど宿泊施設の立場を考えた対応をしている。そして何より、宿泊施設からの評価基準は、「送客実績」がすべてなのだ。戦後から培われた、旅行会社と宿泊施設の信頼関係は風前の灯であるといっても過言ではないだろう。

7.3　旅行会社における価値共創

　前述のとおり、日本の大手旅行会社は、募集型企画旅行および修学旅行や MICE などの受注型企画旅行の取扱により発展してきたが、キーワードは、旅行に対する、①企画力、②コンサルティング力、③運営力と考える。本項では、日本の旅行会社特有のビジネスモデルである修学旅行、それに筆者が企画した「日本一周バスの旅」を事例に考えてみたい。

（1）修学旅行

　修学旅行は、学校の依頼により、旅行会社が旅行の計画を作成し、催行まで一貫して行う受注型企画旅行として実施されている。これは、旅行会社が旅行者（修学旅行の場合は学校）の希望により、旅行の日程や、運送、宿泊サービスの内容や旅行代金を企画して実施する旅行であり、同行するグループがすでにあり、一般参加者の募集は行えない標準旅行業約款に定められた旅行形態である。旅行会社は、日程表に記載した内容から旅行内容が変更になった場合は変更補償金を支払うという旅程管理責任や、不慮の事故に遭遇した場合に補償金や見舞金の支払いの義務を負う特別補償責任など責任も重い。旅行業法上、第1種から第3種までごく一部の旅行業代理業者を除くほとんどの旅行会社が取扱うことが可能となっている。しかしながらデータはないが、鉄道、航空の座席や宿泊施設の客室確保およびセールス力の観点から、大規模校ほど大手旅行会社の取扱いシェアが高いのが一般的である。

　一度に多くの人数が旅行をするために、鉄道・航空・貸切バス・宿泊施設などの手配が難しい。実施時期は、国内修学旅行では、春（中学校）、秋（高等学校）、海外修学旅行は秋に集中する傾向があり、列車／航空座席、客室、バス確保を難しくさせている。また、JR などの鉄道には、乗車券が50％引きなどの団体割引運賃や修学旅行生専用列車で、通常とは予約時期や予約方法の違う「集約列車」や、航空には学校研修割引運賃などの運賃制度も存在し手配業務も難しい。さらに、修学旅行当日には旅程管理主任者資格を有する添乗員による旅程管理も求められている。同時に500人以上の学生が移動をすることも珍しくない修学旅行の旅程管理は、日本の旅行会社ならではの蓄積されたノウハウがあるといえる。多くの場合、旅行会社提案のコースを基本に実施されているのが実態で、体験型修学旅行など時代のニーズに応えた修学旅行も旅行

表7.4　修学旅行の企画フロー（例）

時　期	内　容
旅行出発の2年前	旅行日程、方面、内容決定　※主体は学校
	旅行会社への見積依頼（コンペ）企画提案＆プレゼン
見積依頼から1か月程度	旅行会社決定
旅行学年入学直後	初回保護者説明会（旅行概要・旅行費用積立案内など）
旅行実施学年スタート直後	旅行事前学習
旅行出発	―
旅行終了後	精算、旅行事後学習のお手伝い

会社の努力により増加している。一方、大きな行程変更を好まない学校側の希望もあり学習指導要領に捉われたパターン化した旅行内容や旅行先も少なくないのも現実である。

　現在でも数百人規模の大規模学校も珍しくなく、毎年実施される修学旅行は、旅行会社にとっては優良セールスターゲットであり、少子化も進むなかで旅行会社間の競合も一層激しくなっている。一方、市場には格安の募集型企画旅行が溢れており、修学旅行代金を支払う保護者からは、代金が割高ではないかとの声がある。この意見に対し、旅行業団体の一般社団法人日本旅行業協会は、格安の募集型企画旅行は旅行会社の施策により、売りたい方面を売りたい時期に販売しているが、修学旅行は学校の要望する日程や行先に手配している。また、教職員との綿密な打ち合わせ（以下、表7.4参照）、旅行の事前旅行説明会の実施や看護師の同行など品質を維持するための、たとえば修学旅行独特のコストもかかり、一概に比較できないと意見表明もしている。1,000人規模の学生や保護者や関係者を輸送する甲子園の高校野球応援では、100台以上のバスを分単位で運行し、さらに、雨天による順延や炎天下のなかでの参加者の体調管理など、旅行会社でないと成しえないノウハウであるといえる。修学旅行は学校行事で、無くなることはないし、旅行会社が介在しないと成立しない。旅行会社には、適正な販売価格を維持することにより旅行の品質の確保し、未来永劫大切に取扱ってもらいたい。

（2）日本一周バスの旅企画を事例に、価値共創の難しさを考える

①　企画のきっかけ　バス旅行の価値を高めたい

　筆者は、日本旅行に 31 年間勤務したが、一番印象深かった仕事は「日本一周バスの旅」の企画、運営である。実現には、学生時代のアルバイトと日本旅行における企画や添乗経験が活かされた。

　学生時代、大手観光バス会社で、早朝深夜運行やバスガイドを必要としない外国人旅行客と一緒に日本中を巡っていた。一番学んだことは、乗務員（ドライバーとバスガイド）のプロ（職人）根性である。以下は、一般には知られていない貸切バス業界の「しきたり」を列挙した。

　修学旅行など、バスが複数台数（梯団）で運行する場合、1 号車の乗務員が序列 No.1 で、最後尾が No.2、最若手は 2 号車と続く。この編成が事故防止やトラブル発生時の対応には最適である。徐々に薄れてはいるものの、上下関係は厳格である。これは、山や峠など狭隘な道が多い日本の道路で安全運行や運転技術習得には不可欠なのだ。大工や調理師が、「職人の技」を伝承するのと同じなのだ。

　ドライバーは、「担当車」を持ち、基本的に毎日同じ車両を運転し、メンテナンスも行う。ベテランほど、新型や高級仕様の車両を担当でき、勤続へのモチベーションになっている。担当車両は、ドライバーにとっては職場であり「愛車」なのだ。バスガイドも入社ごとに、○期入社という序列が厳格に形成されている。基本的には社員寮で暮らし、乗客や添乗員への対応から、旅館やドライブインでの振舞いまで、24 時間先輩ガイドから叩き込まれている。

　しかしながら、バス会社（業界）に対する旅行会社の知識は低い。これら「職人の技」を活用した、高品質（高額）なツアーを新ビジネス化するともに、観光バスや働く人の地位を上げるのも旅行業界の役割と社内で訴えていた。上述の経歴やアピールが知られ、1996 年に、大手自動車メーカーいすゞ自動車㈱の観光バスの開発プロジェクトに旅行会社代表として招聘された。無事、新型観光バス

「日本一周バスの旅」と「五大陸・専用機世界一周の旅」のパンフレット

「ガーラ」が完成した際、同社から話題になるイベントをしたいとの相談があ
り、迷わず最高級バスによる「日本一周ツアー」を提案した。実は、この同
年、専用チャーター機を利用した参加費用1人390万円の「五大陸・専用機
世界一周の旅」企画の広報活動に携わり、高額高品質ツアーのニーズや運営の
ポイントは、熟知していたことも功を奏した。折しも、日本旅行は代名詞的存
在の募集型企画旅行「赤い風船」発売開始25周年を迎え、ちょうど、いすゞ
自動車㈱も創立60周年の節目でもあり、1台1億円のツアー専用バスの製造
が決定し、ツアー終了後は第32回東京モーターショーに展示することも決定
した。

②　バス製造と運行会社決定　移動手段から移動手段へ　難題山積

　現在の旅行形態は、団体旅行が激減し、小グループや個人旅行が中心であ
る。個人旅行に対応するため、座席間隔を広くとった居住性重視の貸切バスも
珍しくなくなった。しかし、1997年当時は、団体の慰安旅行利用を目的とし
た、シャンデリアが輝く派手な装飾のバスが高級とされていた。経済性を重視
するために、1人でも多くの乗車定員を確保することも求められ、60人乗
（補助席含む）が主流であった。乗車定員が多ければ便利なようであるが、バ

表7.5　「日本一周バスの旅」企画から発売までの主な流れ

1996年	いすゞ自動車㈱より専用車両提供の申入れ
1996年	ツアーコンセプト決定。㈱松竹の協賛も決定
1996年12月～	コース企画開始（体験メニューや宿泊施設を決定し下見）
1997年1月	ツアー発売ニュースリリース
1997年1月	専用車両製造開始
1997年2月	添乗員（伊勢祐美子）決定
1997年6月	ツアー発売　（即日完売）
1997年8月	専用車両による試走会
1997年9月	ツアー出発
1997年10月	専用車両第32回東京モーターショー出展

　＊ニッチなツアーで宣伝コストを捻出できないため、1台1億円のバス利用112万円の日
　　本一周をキーワードにマスコミへアプローチした。ツアー発売時は、ほとんどすべての
　　新聞やテレビが報道、ツアーは即日完売した。ツアー中も高視聴率情報テレビ番組2本
　　が同行取材。全国の訪問先でも地域のマスコミが取材に殺到し、コストをかけないマス
　　コミ露出を目指した。

スの全長は、道路交通法で 12m 以内と規定されており、座席数が多いほど座席ピッチ（間隔）が狭くなる。その結果当時は、バス旅行＝狭いイメージが常識であった。バスガイドの案内はあるものの、バスは単なる「移動手段」にしか過ぎなかった。そこで、バスのハード自体を「乗って楽しい」ものにしようと考えた。車内をリビングのようなくつろげる空間にして、通行人から見ると「乗ってみたい」と思わせるような、外観や内観にしたかった。装備については、不燃性や重量制限など国土交通省によりさまざまな制約もあった。また、バスの設計は、工業デザイナーが担当し装飾よりも機能が優先された。少しずつ理解頂き、インテリアデザイナーが設計したような車両が完成した。

　一方、バスの運行については調整に苦労した。貸切バスは、国土交通省の認可制事業で、バスを配車するエリアに営業権を持ったバス会社を選定しなければならない。ツアーは、東京発なので東京に配車権を持つバス会社を選定する必要がある。またバス会社には、登録（認可）バス台数が割り当てられ、認可台数を越えての営業はできない。特注のバスを一時的に導入するために、認可台数以下で営業しているバス会社を探す必要があった。さらに難題であったのが、運行管理である。北海道から九州まで走破するが、東京の貸切バスが東日本地区以外を走ることは少なく、北海道や九州で乗務したことのある乗務員は稀であり、しかも、運行期間は 1 か月を越え、乗務員の交代も必要になる。そのため、運行会社決定は難航し、最後は日本旅行の社長・専務が調整に乗り出し、老舗観光バス会社イースタン観光バスに決定した。

（3）コース設定　高級ではなく「ふれあい」をコンセプトに

　バス車両以外のセールスポイントは、コース設定であった。有名観光地や有名旅館周遊が高級ツアーの定石であったが、ツアーコンセプトを敢えて「ふれあい」とした。映画会社㈱松竹の協力も得て、人びとのふれあいがテーマの映画『幸せの黄色いハンカチ』とタイアップ、目的地を映画の舞台「夕張」に設定した。また、日本全国の訪問地域の方々に、バスボディにデザインされた黄色いハンカチの上に、メッセージを頂くなど趣向も凝らした。

　訪問地では、隋所に体験を盛り込み地域観光振興に積極的な日本各地の人びととのふれあいをめざした。特徴的な観光スポットや宿泊施設の一例は、次頁の図のとおりである（行程順、市町村名はツアー当時）。

　現在では、全国の自治体が観光による地域活性化を目指している。特に観光

・海上筏で海釣り体験（和歌山県：紀伊長島町）

・藍染体験（徳島県：脇町）

・出雲神楽鑑賞（島根県：雲南町）

・城址で名月の夕べ（沖縄県：読谷村）

・合掌造り宿泊体験（岐阜県：白川町）

・民家宿泊体験（福島県：三島町）

・稲刈り体験と屋外での芋煮会（山形県：高畠町）

・農園で収穫祭（北海道：富良野市）

「日本一周バスの旅」の行程と各地域での体験の様子

素材として、地域の体験メニューを充実させ、ホームページで積極的に情報公開している。しかしながら、当時は団体旅行向けの観光情報は沢山あるものの、個人向けの体験型観光情報は少なかった。地域の旅館やバス会社などの紹介（クチコミ）で、パンフレットを取り寄せ、団体対応の可否を電話で確認した。「地域体験をして何が楽しいのか」という、自治体からの質問も当時は多かった。また、大型観光バスの進入経路確認や、福島県三島町で実施した民泊では民家への宿泊許可取得など調整は大変であった。

（4）旅程管理　東京のバスで北海道を走り、お客様の仲をとりもつ苦労

　ツアーは 31 日間にわたった。出発の 9 月時の東京や沖縄は真夏で、一方、10 月の終着地夕張は初冬であることから、温度差による参加者の体調管理には苦労をした。参加者のなかには、ツアー中に入院し、退院後にツアーにまた復帰したという事例もあった。旅程管理に関しての主なポイントは、以下の 3 つであった。

①　行程管理

　ふれあいをコンセプトに全国の地域での体験メニューを設定したが、通常はグループも含めてツアー客がほとんど訪れないスポットで、到着後の旅客動線やツアー客対応など調整は多岐に渡った。また、東京のバスで、九州や北海道の隘路（あいろ）を走り農村や漁村を訪ねる。カーナビゲーションは装備されていたが、乗用車用で全長 12m、車幅 3.8m のバスにはまったく役立たない。時間に余裕のある場合は、前日の夜に試走を行ったが、選ばれた超ベテランドライバーにとっても大変な仕業であった。

②　顧客対応

　旅行代金は 1 人 112 万円からで、半数以上が 2 名参加であり、医者、会社経営者、マンションオーナーら富裕層が中心であった。単なる高級ツアーではなく、パンフレットにも農作業や漁業体験をすることを多く告知していた。そのため、子供から親へのプレゼントや熟年カップルの新婚旅行など参加目的が明確な顧客が多く、高級旅行を求めている参加者は少なかった。しかしながら、同じ「バスの屋根」の下で 1 か月間も過ごすと参加者間の軋轢（あつれき）が生じることになる。この参加者の関係を取り持ったのが、全行程同行した添乗員である。観光地の知識だけでなく、顧客対応力もトップの添乗員を人選した。バスの座席をメンバーの相性を念頭に神経衰弱のように毎日組み換え、誕生日のお客様がいればお祝いの寄せ書きを集め誕生会を実施。他のメンバーについての愚痴があれば時間をかけて聞いた。長期クルーズにおいては、富裕層客間の関係を調整する役割としてクルーズコーディネイターが存在するが、まさにそれと同じ役割を果たした。世界各国にはツ

終着地の北海道・夕張で「日本一周号」と記念撮影

アーリーダーと称し、団体を引率し行程管理する職業が存在する。しかし、人間関係を取り持つ役割をするのは、世界でも日本の添乗員くらいである。

③　バス運行管理

　これまでの観光バスはバスガイドによる案内はあるもの、移動手段の単なるハードで、「乗る楽しみ」とは無縁の乗り物であった。貸切バス会社の乗務員教育は安全教育中心で、サービス対応は乗務員任せの会社も多かった。前述のとおり、安全第一という前提から乗務員間の上下関係が厳しいのが特徴であり、先輩乗務員の指示が絶対で、気の利く若手乗務員が気の利いたサービス（景色のいい箇所を大廻りして通るなど）をすると、「余計なことをするな」と指導されるケースも珍しくない。また、乗客や旅行会社添乗員からの評判がよくても、給与は年功序列でもあり乗務員のモチベーションも上がらない

　1 億円をかけハードは完璧なバスを製造した以上、ソフトも重要だ。運行するイースタン観光バスに対しては、ギアの繋ぎ方、ブレーキや補助ブレーキの操作方、車内外の掃除方から立ち居振る舞いまで多くの希望を出した。朝・昼・晩の BGM から間接照明の点灯パターン（昼は明るい蛍光灯、夜は落ち着く白熱灯）などの注文もした。

　当初、乗務員は怪訝な表情であったが、完成したバスで試乗会を実施し、バスハードおよびサービスソフトに対する意見を反映してバスを改良するなどの対応をするうちに、当方のサービスに対する想いも理解してくれ、日本のバス車内では最高レベルのサービス提供が実現した。通常運行で要求されない運転技術やサービス、車両装備が高級な反面、メンテナンスにも時間がかかる。全面絨毯張りの清掃やオールメタリックボディの WAX がけなど大変であった。割増運賃を支払うので、担当乗務員に割増手当を支払うようにバス会社に依頼したが、前例がないと拒否された。やむをえず、乗務員に対しては、寸志として相当の対価を支払うことで解決したが。バス業界でも優良乗務員への差別化（モチベーションアップ）について考えてもらいたいものだ。

（5）「ニッチ」なツアーを企画してはいけないのか

　日本一周バスの旅には後日談がある。筆者は、日本一周号車両を日本旅行の専用車両にする提案を会社にした。日本旅行の募集型企画旅行「赤い風船」ツアーとして、東京起点としてバスで日本を周遊する「陸のクルーズ」の専用車両にしたかった。ツアー終了後、いすゞ自動車㈱からこのバスを運行担当した

イースタン観光バスへ格安に譲渡してくれるとの提案があった。バス会社はコストをかけず高級仕様バスが入手できるのである。しかし、そこには課題があった。日本旅行専用のバスにしたら、当該の車両を毎日利用（運行）しなければならないのである。大手旅行会社であれば、東京地区であれば、利用台数の多いバス会社に対しては1日に数台の利用があるが、利用は、修学旅行や職場旅行用の55～60人乗利用がほとんどであり、24人乗の高級仕様車ニーズは極めて少ない。しかし、小グループ旅行や訪日外国人旅行客に一定のニーズがあり、ツアーに利用しないときは、一般団体への転用を提案した。

当時から、近畿日本ツーリストのクラブツーリズム（当時）をはじめ、添乗員が同行する募集型企画旅行に力を入れている大手もあった。しかしながら、日本旅行は添乗員同行の募集型旅行の拡大を課題としつつも、取扱いは極めて少数であった。高額ツアーの企画担当者の確保やプロモーションコストが捻出できないことを理由に企画は却下され、日本一周バス車両もいすゞ自動車㈱の社有車となってしまった。日本旅行社内では、「矢嶋の趣味と仕事を一緒するのはこれで十分だろう」との発言も多く聞かれた。当時は、大量生産／大量販売のマスツーリズムが全盛であったため、このような指向性の強い「ニッチ」なツアーは、社内では全く見向きもされなかった。

その後、移動自体を観光素材と捉えた列車（ジョイフルトレイン）や超高級仕様の募集型企画旅行用の観光バスも続々導入された。観光コースも、地域のさまざまな体験が組みこまれたツアーが目立つ。これらの移動手段やツアーは、JRをはじめ大手運輸機関が、フラッグシップ的な存在としてコストを捻出するが、事業化することに対してのハードルは高い。ただ、日本一周バスのようにフラッグシップがなくても、地域と顧客とのふれあいを醸成するツアー企画は可能である。従来の薄利多売のビジネスモデルとは違う、「ニッチ」なツアーの積み重ねが必要な時代なのではないだろうか。

（6）「日本一周バスの旅」から考える旅行会社の役割
①　お客様と旅行産業の架け橋になる

1970年代頃から、団体旅行のニーズが高まると旅行会社は、宿泊施設に関しては、利用者などにより客観的に料理・風呂・サービスなどのランク付をして顧客の信用を得ていた。最近は、OTAの経済性や利用者のクチコミが消費者に対して影響力を持つ。

　一方、貸切バス手配は消費者にはブラックボックスで、現在でも多くは旅行会社経由で手配される。残念ながら、旅行会社はバス会社の差別化はほとんどできていない。安全意識が高く、コストをかけて安全性能の高いバスを導入し安心して働ける給与体系の会社や乗務員に添乗業務が可能となる旅程管理者の資格を取得させている会社と、すべて中古のバスを揃えて、待機時間を勤務時間として認めない会社などを同じ土俵で戦わせている。筆者は、日本一周バス担当の後、本社で全国に約3,000社ある運輸機関（バス、鉄道、船舶など）の契約や販売促進を統括する箇所に配属された。その際、安全やサービスに対して投資をしているバス会社を日本旅行社内で差別化して顧客にアピールしようと計画した。しかしながら、「前例がない」「ランクが低いバスとの取引に影響が出る」と社内やバス会社から反対意見が出て実現しなかった。その後、残念ながら新規参入のバス会社などによる大きな事故が相次いだのは記憶に新しい。

　「旅行会社の存在価値」が問われている現在、旅行会社ならではのノウハウを活かした差別化（生き残り）が重要であると考える。しかしながら、旅行会社は宿泊料金やバス料金などをカットすることだけに腐心しているのが現状である。宿泊施設や運輸機関の運営などについて社内研修などで体系的に学ぶことは、大手旅行会社といえどもない。関連業界の内外の状況や将来をともに学び、業界ごとの独特のしきたりや現場（最前戦）の声を理解し、共存共栄を図ることが必要だ。特に、OTAに圧倒されている、宿泊施設販売へ対しては、旅行会社スタッフの宿泊施設の学びや人的交流強化による差別化を今後図ることが今後の生き残りのポイントとなろう。

（7）いままでの存在価値

　いままでの日本の旅行会社は存在価値のポイント以下の4点である。

①　情報の提供

　インターネットによる旅行情報検索が可能になったのは、1990年代中頃。それ以前は、国内以外の観光地の情報取得は、旅行ガイドを購入するか、旅行会社に直接尋ねることが主流であった。たとえば、海外の治安や天候のリアルな情報については、多くの顧客が旅行会社に問い合わせをしていた。「真冬にハワイに行くが何を着ていけばいいか」などである。現在では、ネットでワイキキの様子が生中継され、情報はリアルタイムで収集可能。顧客の方が旅行会

社スタッフより詳細な情報を持つのが実態である。

②　安心・安全の担保

海外を中心に、外国語が苦手な日本人が旅行する際に一番心配であった点である。事故や自然災害などに遭遇した際の病院手配などの緊急対応。延泊のホテル手配や帰国航空便手配など旅行会社の海外支店などのサポートは、いつの時代であっても旅行会社の真骨頂といえよう。

③　人的サービス

募集型／受注型企画旅行の企画力や添乗力。最近では、契約社員の急増で業務知識の低下は見られるもの、顧客のニーズや予算を聞き取り、最適な募集型企画旅行や宿泊施設を紹介するコンサルティング力は日本の旅行会社ならではのものである。

④　経 済 性

募集型／受注型企画旅行では、運輸機関や宿泊をセット。さらに、集中送客することにより、コストダウンを図っており旅行会社の大きなアピールポイントであった。他方、長期間価格競争に終始し、収益性が悪い。その結果、マーケティング、社員教育や福利厚生への投資は他産業に比べて驚くべきほど低い。旅行業の発展の阻害要因となっており、価格競争一辺倒ではなく新しい価値を考え見つけることが急務であろう。

（8）地域活性化事業に群がる現状

大手旅行会社は最近、ソリューション（問題解決）型と称した地域活性化事業の獲得に躍起になっている。人口減少や BRIC 諸国の発展などにより、製造業を中心に発展した日本の経済の大きな発展が見込まれないなか、全国の自治体が観光に注目している。特に、DMO（Destination Marketing/Manegement Organization）対応に力を入れている。

DMO とは、日本語にすると「観光地域づくり法人」のことで、観光庁によると「地域の「稼ぐ力」を引き出すとともに地域への誇りと愛着を醸成する「観光地経営」の視点に立った観光の舵取り役として、多様な関係者と協同しながら、明確なコンセプトに基づいた観光地域づくりを実現するための戦略を策定するとともに、戦略を着実に実施するための調整機能を備えた法人」と定義されている。観光庁では、DMO の形成・確立を促進するため、登録 DMO およびその候補となりうる候補 DMO を登録する制度を創設。2021 年 11 月末

時点で、全国には登録 DMO は 213、候補 DMO が 90 あり、この DMO の運営サポートをはじめ関連予算事業獲得が大手旅行会社の主事業になりつつある。しかしながら、地域の関係者の間では、大手旅行会社の地域ビジネスへの評判は一般的に良くない。「予算を使うだけで、一向に観光客は増えない」「プロモーションはしたので、実際の集客は各地域でと知らん顔」などである。大手広告会社や地域をビジネス対象としたシンクタンクはコストも高く、旅行会社の方が身近で話しやすいから利用しているという声も頻繁に聞く。また、DMO へ出向者も多く送り出すが「団体旅行全盛時の古い旅行スタイルが染み込んでおり、現在のビジネスモデルを理解できない」「宿泊施設や観光施設の方へも上から目線で、出向先ではお客様気分」と厳しい声も聞かれる。

　着地ビジネスは、広告代理店的なビジネスモデル。集客のためのプロモーションやイベント実施、インターネットや紙媒体のコンテンツ作製についての知識が必要となる。旅行会社スタッフは、顧客を移動するビジネスには長けているが、広告代理店的なビジネスについては、教育を受けていないし実績も少ない。その結果、グループや下請けの広告代理店に業務委託する。これが、昨今の地域ごとの観光（観光スポットや地域事情）を理解できない旅行会社担当者の急増の原因である。筆者は、広告会社へ出向した経験を持つが、代売をして少額の手数料を得る旅行会社と、ブランドイメージなどを醸成して多額のフィーを得る広告業界では、働く人の考え方は大きく異なる。現在まで、旅行会社が地域の方とビジネスができたのは、送客力に加え、お客様への対応力（ホスピタリティ）を評価されたからであり、広告業界はこれらとは無縁の業界である。広告会社に業務委託、広告会社や地域コンサルタント経験者を採用したとしても、地域ビジネスを基幹ビジネスとすることは限界があろう。

　道路や橋などのインフラは人間の生活に不可欠なライフラインである。したがって、建設業界は、税金による予算を目指し、将来的にもビジネスを継続することができる。しかしながら、旅行会社はインフラ産業ではなく、新型コロナやインバウンド対応などの観光用特別予算（税金）が未来永劫に現在のように潤沢に配分されることは考えにくい。確かに、災害や新型コロナのような感染症をはじめ、落ち込んだ地域や国の経済復活の起爆剤は観光であり、存在価値であることは間違いない。しかしながら、旅行会社が予算事業獲得を生きる道とする（事業の中心とする）ことは大いに疑問である。

（9）今後の存在価値と課題

　今後の旅行会社の存在価値はどこに見出せばいいだろうか。魅力的な価格の企画旅行、親会社の運輸機関沿線などへの集中送客は、最低限の基盤とはなるだろう。一方、親会社である運輸機関が、旅行会社を介さない直接販売を強化している。たとえば、航空会社は利用客に対してマイレージを付加し、自社への囲い込みを図っている。その進化形として ANA ホールディングス㈱では、グループ内の旅行会社であった ANA セールス㈱と顧客のマイレージ情報を利用したビジネスを展開する、ANA X㈱を合併した。マイレージプログラムに登録された顧客のビッグデータを活用し、旅行から物販まで顧客に最適なマッチングを事業として掲げる。たとえば、航空利用客が訪れなかったエリアの宿泊施設へマイレージを利用による宿泊を拡大している。顧客は貯めたマイレージで宿泊が可能となり大いに魅力的である。また、新しく設立された ANA あきんど㈱では、ANA ホールディングス㈱のリソースを活用し、地域創成事業を強化する。宿泊施設に食材を卸したり、ホールディング各社を巻き込んだ地域プロモーションを実施する。航空以外（地上）の収益を追い求めると明言しているだけあり、日本の旅行産業の未来を考えるうえで、注目される企業といえよう。

　JR 東日本では、駅内に設置していた「びゅうプラザ」（びゅうトラベルサービスが運営）を 2022 年までに閉鎖し、新たに、「駅たびコンシェルジュ」店舗を開設することとしている。ここでは、①旅のコンサルティング、②地域情報発信、③地域連携・交流の 3 つの機能を持たせ、「旅行販売」の場から、東日本エリアの観光情報を幅広く案内する「観光流動の創造会社」として展開することを発表した。旅行商品は、インターネットによる鉄道利用のダイナミックパッケージを主力として、運営は、㈱びゅうトラベルサービスが担当する。鉄道会社が運営し、駅に設置する新しい旅行会社のスタイルとして大いに期待するところである。ANA や JR 東日本であるからこそ、展開できるビジネスモデルのシフトチェンジであるが、他の鉄道系をはじめとした旅行会社も方向転換を図らないと生き残ることはできない。

　では、旅行会社はどのようなビジネスモデルにすべきなのであろうか。ポイントは、マスマーケットでなく「ニッチマーケット」を積み重ねる企業体とすることである。したがって、従来のグループ社員数何千人となどの巨大企業の存続は難しい。一例としては、① BTM（ビジネストラベルマネジメント）：企

業の複雑なルートの海外出張手配や VISA 取得。また、有事の際の安全確認や
紛争地域からの避難のアシストも担当する。② MICE：新型コロナの影響によ
り規模は縮小するが、ビジネスの拡大などの為に、対面でのイベントも不可欠
である。イベントや参加者の移動・宿泊手配は複雑で旅行会社の腕の見せ所で
ある。

　上述のとおり、DMO 対応など予算事業を獲得しての急場凌ぎでは、限界が
見えている。地域の方からも、送客増が目に見えず「狼少年化」している。

　最終目的は、送客増であるが、重要なのは「御用聞き的な存在」となり、地
域と観光客の架け橋になることである。ただ、従来の様に格安ツアーの造成に
より一過的な観光客増を目指すのではなく、民間主導 DMO による「御用聞
き」を旅行会社に始めてもらいたい。

(10)「御用聞き」的存在を目指し

　旅行会社が地域ビジネスに関して、地域の観光関係者の信頼を得て今後継続
的にビジネスとするポイントは前述のとおり、地域の「御用聞き」になること
である。すなわち、地域のニーズや素晴らしさを直接出向いて把握し、課題を
整理し、利害が対立するステークホルダーをまとめる。そして、プロモーショ
ンを展開しツアーなどで集客するフローを確立する。

　それも、自治体側から要望される単年度における予算消化ではなく、継続的
な事業展開を考慮した対応を望む。内外からの観光客は、全世界の国や地域と
比較して訪問地を選択する。受入地側の理論や国や地方自治体からの予算配分
に頼り、集客ができる時代ではない。意外にも同一地区の宿泊機関や運輸機関
の関係者の連携が密ではない。さらに、地域の観光関係者特に首長は、自分の
自治体のみへの誘客へ固執する場合が多い。

　筆者の所属する大学のある伊豆地区の場合、日本人も外国人（インバウンド
客）も、「富士／箱根／伊豆」をひとつの目的地として訪れている。特に外国
人観光客は「富士山へ行こう」である。しかしながら、自治体は、自分の自治
体（市町村）だけに誘客しようとする。たとえば、富士山は、日本人、インバ
ウンドともに特別な存在である。調査年度の違いはあるが実に、全国立公園
34 の訪問者のうち 3 分の 2 が富士箱根伊豆国立公園訪問者で占めている。ま
た、インバウンド客の延べ利用者約 667 万人のうち、約 310 万人[注8]とこち
らも圧倒的日本一である。箱根こそ神奈川県だが、富士山をフラッグシップと

した日本のトップ観光地が地元静岡にある。この観光素材を周囲の自治体が連携して、周遊できるプランやシステムを構築の必要性がある。しかしながら、鉄道では、JRや大手私鉄のグループ会社の私鉄が混在、バスでは、大手私鉄系グループのバス会社が混在し路線が分断。伊豆半島から箱根に走る直通路線バスは無く、会社間の調整が必要である。旅行会社は、実働部隊として観光庁などの各種補助金を有効に活用、たとえば周遊バスの運行を始めればいいのである。前述のDMOに関しても、運輸機関などとJV（Joint Venture）を組んで、誘客可能な組織の運営を主導してほしい。また、呉越同舟のDMOを自治体からの出向職員が運営し、出向元の地域への権利誘導など牽制し合う。また、自治体の特徴である、短期間の人事ローテーションで、観光のプロフェッショナルが成長しない。その環境下、大手旅行会社1社（単独）でDMO運営に携わると、自社ビジネスへの権利誘導をしてしまう。最近では、観光と縁遠いプレーヤー（IT、データ、金融機関、ゼネコン、地域コンサルタントなど）の観光関連補助金目当てのアプローチも多く、補助金さえ獲得すれば「地域への集客は興味ない」という事例も珍しくはない。さまざまな業種出向者から、旅行会社主導し運輸業をはじめ観光関連企業や団体とJVを組み、出向者間の「ほどよい緊張感」を醸成し、民間活力が溢れるDMO運営をリードしてもらいたい。

　前述は、受注型／募集型企画旅行や地域ビジネスに関しての一事例であったが、日本の旅行会社は、「マスマーケット」から「ニッチマーケット」への事業転換を意識すべきである。重ねて述べるが、従来のような、グループ従業員が何万や何千の大手旅行会社が寡占、スケールメリットや代理販売中心のビジネスモデル展開は今後成立しない。コストカットも生き残りのためには必要不可欠であろう。そして、利那的な予算事業獲得ビジネスなど目先のビジネスに惑わされないで、細く長く「サステナブル」に事業が存続できる、さまざまな『価値共創産業』への転換を図るべきである。世間では、旅行業のDX（デジタルトランスフォーメーション）化も話題になっている。商品販売の無店舗化からアバターによる仮想体験旅行などさまざまな取組みが検討されている。ただそれらの多くは、旅行会社が主体ではなく、各分野の専門会社との協業が目立ち、旅行業が販売代理店なっているだけの形態も少なくない。旅行業DXは単なるIT化ではなく、顧客／観光地／観光関連産業などコミュニケーション強化のためにあるべきもので、むしろ旅行業には得意な分野といえるのではな

いだろうか。IT 技術の急速な進化、新型コロナの蔓延、ライフスタイルの変化などにより、新しいの旅行ビジネスを考える時期であることは間違いない。

　明治の時代から 130 年続く旅行業は、世界や日本各地に観光客を送客し、観光を通じお客様に喜んでもらい、経済発展や相互理解による平和も築いてきた。旅行会社で働く人は、大変な時代だからこそ日本最初の旅行会社を設立した、日本旅行会創設者の南新助翁の考え方や営業手法（ビジネスモデル）を学び、「旅行会社としての矜持」を持ってもらいたい。旅行業最大の資産は「働く人」である。企画、営業、カウンター接客、添乗などのプロフェッショナル集団で、顧客をはじめ観光関連産業から信頼されていた。しかしながら、システムである OTA が観光の世界を跋扈し、旅行業は本業以外の業務の開拓ばかりに気をとられて、そこに生き残りをかけようとする。この状態が続くと近い将来、100 年以上かけて培われた、旅行業のプロフェッショナルが滅びてしまう。混沌とする世の中であるが、社会に再び必要とされる『旅行業の価値』を真剣に考える時代を迎えている。

【注】

1) 公益財団法人日本交通公社「旅行年報 2020」（2020.10）p102、一般社団法人日本旅行業協会「数字が語る旅行業 2021」（2021.6）p45 などを基に筆者作成。

2) 観光庁「主要旅行業者の旅行取扱状況年度総計（速報）」より 2010（平成 22）、2018（平成 30）、2019（令和元）、2020（令和 2）年度を基に筆者作成。

3) 一般社団法人日本民営鉄道協会　大手民鉄 16 社 2021 年 3 月期 決算概況および鉄軌道事業旅客輸送実績（2021.5.20）「2020 輸送人員」による。

4) 観光庁「主要旅行業者の旅行取扱状況年度総計（速報）2019」に、H.I.S と楽天トラベルは掲載されていない。取扱状況は、観光庁が旅行取扱上位と思われる会社に旅行取扱額を毎月任意で提出依頼。2019 年度以降については両者提出していないが、2019 年度に H.I.S は全体の 3 位（海外は 2 位）。2018 年度に楽天㈱は 2 位であった。

5) 航空会社が定めた正規割引運賃で、旅行会社向け IIT（Individual Inclusive Tour Fares）運賃と異なり、旅行会社だけでなく航空会社が直接消費者に販売することができる個人向けの運賃のこと。運賃は上限運賃内で航空会社が自由に設定できる。

6) 旅行会社に向けた IIT 運賃。2020 年 4 月から導入され、①空席に連動して運賃額が変動する②予約後、発券期限が短い（予約日＋ 2 日以内）③早期に取消手数料が課される（JAL330 日前、ANA355 日前）が従来の IIT 運賃からの主な変更点。

7) 環境省　自然公園等利用者調　国立公園利用者数（公園、年次順）による。

8) 環境省　自然公園等利用者調　国立公園における訪日外国人利用者数の推計結果（考察）による。

おわりに

　かつては労働集約型産業の代表ともいわれたツーリズム業界。しかしながら、企業が依存していた「人」の労働力によって、顧客とともに価値を創造することが困難となって久しい。そこへ新型コロナが直撃したことで、本質的にも物理的側面からも「人」の存在価値はいっそう低下してしまった。

　「人」を前面に出さずとも、ツーリズムの事業運営はできる。接客応対を AI や bot などのデジタルシステムへ移管すればよい。ただ、すべてがそれでよいものか。いや、これまで「人」に委ねてきたにもかかわらず、その輝かせ方がわからないからといってアナログを忌避することは正義なのか。デジタル化やデジタル・トランスフォーメーションといった「社会の流れ」を都合よく解釈して身を委ねたとしても、周回遅れの後発が流れ着く先に明るい未来がある保証は何もない。

　本書では、ツーリズム産業において「人」が活躍する機会をさまざまな観点から検討してきた。ただし、率直に申し上げて、どれほどの人がこのテーマに関心を寄せているのかはまったく以てわからない。界隈の研究者、実務家とも終わったコンテンツいわゆる「オワコン」として扱う領域だ。しかしながら、いまも現場で働いている「人」は存在する。そうした「人」に憧れている人や、大切な存在として見守ってくれている人もいるはずだ。誰かが未来を照らす必要がある。風前の灯火を傍観する前に何かできないか。業としての「サービス」の本質に立ち返り、顧客との価値共創の主体としての「人」がもつ力に焦点を当てることで「復権」を目指す。著者陣はそうした思いを共有して執筆した。

　ツーリズムにおける「人」、「価値」、そして顧客との「共創」。本書における論述において、そのすべてが再定義できたとはいえない。なお深掘りし、さまざまな観点からの検討が必要だ。ただ、本書を手に取っていただいた読者がツーリズムに従事する「人」に心を寄せるきっかけとなったのであればこのうえない喜びである。また、業界の中長期的な行く末に不安を抱えながらも従事する当事者自身が、今後も活躍し続けるために必要な要素としてのタネを本書に求めてもらえるのであれば大変ありがたい。

　市場で活躍するために「人」が必要なスキルやノウハウは、日々更新されて

おわりに

いる。陳腐化した過去の遺産に囚われず、能力発揮に必要な因子やそれらが実行可能となる制度や仕組みとはなにか。探求はこれからも続く。

むすびになるが、神田の想いに共感して執筆いただいた著者陣に対して、この場を借りて改めて感謝したい。また、多様なバックボーンをもつ著者陣からの原稿を見事に取りまとめていただき、無事発刊に導いてくれた成山堂書店の板垣洋介氏に深く感謝申し上げる。

2021 年 11 月

執筆者を代表して

神田　達哉

参考文献

第2章

【論　文】

1) Levitt, T. (1976) "The Industrialization of Services", *Harvard Business Review*, September-October, pp.63-74.
2) Parasuraman, A., Zeithaml, V. A. and Berry, L.L. (1985) "A Conceptual Model of Service Quality and Its Implications for Future Research", *Journal of Marketing*, (49), pp.41-50.
3) Porter, M.E. and Kramer, M.R. (2011) "Creating Shared Value", *Harvard Business Review*, 89(1/2), pp.62-77.
4) Vargo, S.L. and Lusch, R.F. (2004) 'Evolving to a New Dominant Logic for marketing' *Journal of Marketing*, 68, pp.1-17.

【書　籍】

1) 小宮路雅博「サービス・システムと諸概念」小宮路雅博編著 (2012)『サービス・マーケティング』、創成社
2) 瀬良兼司「サービスの特性を理解する」廣田章光・布施匡章編著 (2021)『DX時代のサービスデザイン』、丸善出版

【新聞・雑誌等】

1) 井上信明 (2020)「医療界における顧客にとって有意な価値につながるサービス品質とは」『SQUARE』(200)、一般社団法人サービス連合情報総研、pp.2-5
2) 観光経済新聞 (2019年6月11日)「JTB旅ホ連総会開催記念特集」
3) 週刊トラベルジャーナル (2019年4月8日号、同6月3日号、同8月5日号、2020年6月8日号、同8月3日号、同11月9日号、2021年1月25日号、同2月22日号、同4月5日号)
4) 日経デジタルマーケティング (2017年3月号)「キーワード解説」
5) 日経MJ (2021年2月2日)「『銀座本店』優位の終わり。個で売る時代に」
6) 日本消費経済新聞 (2001年7月2日)「考・お客様対応」
7) 日本経済新聞 (2018年9月1日)「飲食店にも月額制の波」
8) 日本経済新聞 (2021年7月19日)「世界の『後払い決済』50社、急成長市場に参入相次ぐ」
9) 毎日新聞 (2020年11月11日)「GoToトラベル、恩恵は大手ばかり。嘆く中小『我々は必要とされていない』」

【ウェブサイト】

1) 朝日新聞デジタル (2021)「ワクチン接種事務、旅行会社が受託。予約ノウハウ生かす (2021年2月17日)」https://www.asahi.com/articles/ASP2J7RR4P2JULFA023.html

参 考 文 献

（2021 年 8 月 2 日閲覧）

2) 観光庁（2019）「平成 31 年度 観光産業の生産性向上推進事業」
https://www.mlit.go.jp/common/001284799.pdf（2021 年 8 月 1 日閲覧）

3) 国土交通省（2020）「赤羽大臣会見要旨（2020 年 7 月 10 日）」
https://www.mlit.go.jp/report/interview/daijin200710.html（2021 年 8 月 1 日閲覧）

4) 時事（2020）「コロナ禍でリストラ加速。人員・店舗を縮小―旅行大手（2020 年 11 月
21 日）」https://www.jiji.com/jc/article?k=2020112001237&g=eco（2021 年 8 月 2 日
閲覧）

5) 東洋経済オンライン（2020）「電通に丸投げ、持続化給付金事業に疑惑続々（2020 年 6
月 12 日）」https://toyokeizai.net/articles/-/355890（2021 年 8 月 1 日閲覧）

6) 日本旅行業協会（2020）「2020 年度『エリア・スペシャリスト』春期講座 2 次募集に
ついて」
https://www.jata-net.or.jp/about/release/2020/pdf/200423_areaspecialistsecndryrcrtmnt.
pdf（2021 年 8 月 1 日閲覧）

7) トラベルボイス（2021）「帝国ホテルが始めた『定額制ホテル暮らし』プラン、企画か
ら価格設定まで、事業化の舞台裏と狙いを聞いてきた」
https://www.travelvoice.jp/20210603-148892（2021 年 8 月 2 日閲覧）

8) 文春オンライン（2020a）「内部資料入手『GoTo トラベル事務局』大手出向社員に日当
4 万円（2020 年 10 月 14 日）」https://bunshun.jp/articles/-/40879（2021 年 8 月 1 日
閲覧）

9) 文春オンライン（2020b）「GoTo キャンペーン受託団体が二階幹事長らに 4200 万円献
金（2020 年 7 月 30 日）」https://bunshun.jp/articles/-/42264（2021 年 8 月 1 日閲覧）

10) 日本経済団体連合会(2010)「わが国観光のフロンティアを切り拓く(2010年4月20日)」
https://www.keidanren.or.jp/japanese/policy/2010/032/honbun.html（2021 年 8 月 2 日
閲覧）

11) ログミー Biz（2018）「オープンイノベーションには 2 種類ある。脱・旅行ビジネスを
狙う、JTB の破壊的創造の仕掛け」https://logmi.jp/business/articles/320412（2021 年
8 月 2 日閲覧）

第 4 章

1) 日光市企画部秘書広報課「クローズアップ日光人　特定非営利活動法人日光門前まちづ
くり　楽しめる空間、文化を感じる魅力あるまちづくりを目指して」『広報にっこう』
（2014 年 12 月号）、日光市

2) 平田進也（2015）「カリスマ添乗員が教える　人を虜にする極意」、KADOKAWA

3) 島川崇（2020）「新しい時代の観光学概論」、ミネルヴァ書房

第 5 章

【書　籍】

1) 藤井保文・尾原和啓（2019）『アフターデジタル』、日経 BP

2) 藤井保文（2020）『アフターデジタル 2 UX と自由』、日経 BP

3) Grönroos, C.（2007）*In search of a New Logic for Marketing: Foundations of Contemporary Theory.* John Wiley & Sons Limited.（＝ 2015、蒲生智哉訳『サービス・ロジックによる現代マーケティング理論－消費プロセスにおける価値共創へのノルディック学派アプローチ』、白桃書房）

4) Herzberg, F.（1968）*One More Time: How Do You Motivate Employees?* Harvard Business Review.（＝ 2009、DIAMOND ハーバード・ビジネス・レビュー編集部訳『【新版】動機づける力－モチベーションの理論と実践』、ダイヤモンド社）

5) Heskett, J.L., Sasser, W.E. and Schlesinger, L.A.（1997）*The service profit chain.* Free Press.（＝ 1998、島田陽介訳『カスタマー・ロイヤルティの経営』、日本経済新聞社）

6) Hoppock, R.（1977）*Job Satisfaction.* Arno Press

7) 近藤隆雄（2007）『サービスマネジメント入門―ものづくりから価値づくりの視点へ』、生産性出版

8) 小宮路雅博「サービス・システムと諸概念」・佐藤和代「サービス品質と顧客満足」、小宮路雅博編著（2012）『サービス・マーケティング』、創成社

9) 小里貴宏「総合旅行会社の新たな店頭販売モデル」、石井淳蔵・高橋一夫編著（2011）『観光のビジネスモデル－利益を生み出す仕組みを考える』、学芸出版社

10) 小里貴宏「リアル品質でお客様満足を追求する店頭販売の進化」、高橋一夫編著（2013）『旅行業の扉』、碩学舎

11) Kotler, P., Hayes, T. and Bloom, P.N.（2002）*Marketing Professional Services, Second Edition.* Learning Network Direct, Inc.（＝ 2002、平井祥訳・白井義男監修『コトラーのプロフェッショナル・サービス・マーケティング』、ピアソン・エデュケーション）

12) Kubr, M.（2003）Management consulting: A Guide to the Profession. International Labour Organization.（＝ 2004、水谷栄二監訳・トーマツコンサルティング訳『経営コンサルティング第 4 版』、生産性出版）

13) Lecinski, J.（2011）*Winning the Zero Moment of Truth.* Google eBook.

14) Lovelock, C. and Wright, L.（1999）*Principles of Service Marketing and Management.* Prentice-Hall, Inc.（＝ 2002、小宮路雅弘監訳、高畑泰・藤井大拙訳『サービス・マーケティング原理』、白桃書房）

15) Lovelock, C. and Wirtz, J.（2007）*Services Marketing: People, Technology, Strategy, 6th edition.* Pearson Education, Inc.（＝ 2008、白井義男監訳、武田玲子訳『ラブロック＆ウィルツのサービス・マーケティング』、ピアソン・エデュケーション）

16) 島川崇「第 4 章第 1 節 旅行業」、徳江順一郎編著（2011）『サービス＆ホスピタリティ・マネジメント』、産業能率大学出版部

17) 高広伯彦（2013）『インバウンドマーケティング』、ソフトバンククリエイティブ

18) 牛場春夫・酒井正子・齋藤謙一郎・志方紀雄・加藤寛（2018）『日本のオンライン旅行市場調査第 4 版』、ブックウェイ

【論 文】

1) Baba, A., Stancioiu, F., Gabor, M., Alexe, A., Oltean, F. and Dinu, A.（2020）"Considerations regarding the effects of COVID-19 on the tourism market", *Theoretical*

and Applied Economics, 3:624, pp.271-284

2) Booms, B.H. and Bitner, M.J. (1981) Marketing Strategies and Organization Structures for Service Firms, *Marketing of Services*. American Marketing Association, pp.47-51

3) Chen, T., Makara, D., Sean, C., McGinleya, S, and Cheng, J. (2019) "Understanding the intention of tourist experience in the age of omni-channel shopping and its impact on shopping", *African Journal of Hospitality, Tourism and Leisure*, 8:5, pp.1-10

4) Despoina, M. (2016) "The Future of Zero Moment of Truth in an IoT ecosystem in Tourist Attractions", International Hellenic University

5) 蒲生智哉 (2008)「サービス・マネジメントに関する先行研究の整理－その研究の発展と主要な諸説の理解」、『立命館経営学』47 (2)、pp.109-125

6) González, M.E.A., Comesaña, L.R. and Brea, J.A F. (2007) 'Assessing tourist behavioral intentions through perceived service quality and customer satisfaction' *Journal of Business Research*, 60:2, pp.153-160

7) 塙泉 (2017)「マーケティング研究における文脈価値の重要性」『日本国際観光学会論文集』(24)、pp.155-162

8) 羽田利久 (2018)「流通費用の分析理論から考察する旅行会社のリアル店舗の存在価値について」、『Hospitality：日本ホスピタリティ・マネジメント学会誌』(28)、pp.75-84

9) 濱中友美 (2015)「プロフェッショナル・サービスの対個人における顧客満足構成要素の研究」立教大学大学院ビジネスデザイン研究科博士論文

10) Heskett, J.L., Jones, T.O., Loveman, G.W., Sasser, Jr.,W.E. and Schlesinger,L. A. (1994) 'Putting the Service-Profit Chain to Work' *Harvard Business Review*, March-April. (＝ 1994、小野譲司訳「サービス・プロフィット・チェーンの実践法」、『DIAMOND ハーバード・ビジネス』1994 年 7 月号、pp.4-15)

11) Homburg, Wieseke and Hoyer (2009) 'Social Identity and Service-Profit chain' *Journal of Marketing*, 73:2, pp.38-54

12) Hu, L. and Olivieri, M. (2020) 'Social Media and Omni-Channel Strategies in the Tourism Industry: An Analysis of Club Med' *Advances in Digital Marketing and eCommerce, First International Conference, 2020*, pp.47-55

13) Hult, G.T.M., Sharma, P.N.S., Morgeson Ⅲ, F.V. and Zhang, Y. (2019) 'Antecedents and Consequences of Customer Satisfaction: Do They Differ Across Online and Offline Purchases?' *Journal of Retailing*, 95:1, pp.10-23

14) 柏木千春 (2020)「インバウンド観光ビジネスエコシステムの形成 ―ハワイにおけるツアーオペレーターの果たした役割―」『マーケティングジャーナル』(39) 4、pp.30-41

15) 神田達哉 (2021)「伝統的旅行会社におけるリアル店舗のサービス・コンセプト－サービス品質再定義の試み―」、『日本国際観光学会論文集』(28)、pp.71-82

16) 孔令建 (2020)「ネット通信販売における価値共創モデルに関する一研究」『経済貿易研究』(46)、pp.107-122

17) Levitt, T. (1981) *Marketing Intangible Product and Product Intangibles*. Harvard Business Review, May-June, pp.94-102 (＝ 2001、DIAMOND ハーバード・ビジネス・レビュー編集部訳「無形性のマーケティング」、『DIAMOND ハーバード・ビジネス・レ

ビュー』2001 年 11 月号、pp.86-97)

18）丸山政行（2013）「転機に立つ旅行業」、『大阪観光大学紀要』(13)、pp.97-99

19）宮城博文（2011）「サービス提供過程における課題に関する一考察―ホスピタリティ産業との関わりを通じて―」、『立命館経営学』49（5）、pp.231-256

20）西堀敏明・中野潔（2004）「e-business 化された旅行代理業の機能分析から見た情報ハブビジネスの可能性」、『社団法人情報処理学会研究報告』(27)、pp.37-44

21）奥谷孝司（2016）「オムニチャネル化する消費者と購買意思決定プロセス― Mobile Device がもたらす小売業の未来と課題」、『日本マーケティング学会：マーケティング・ジャーナル』36（2）、pp.21-43

22）大西宏明（2020）「オンライン化に伴う旅行代理店の実店舗の立地推移」、『日本地理学会発表要旨集』(2020s)、p.249

23）櫻井秀彦（2019）「サービス・マネジメントにおける従業員満足と顧客満足の因果検証：プロフェッショナルサービスを対象とした実証研究」、『オペレーションズ・マネジメント＆ストラテジー学会論文誌』9（1）、pp.48-63

24）鮫島卓（2019）「創造的消費者との共創による旅行商品開発に関する研究 H.I.S.『タビジョ』を事例に」『駒沢女子大学研究紀要』(26)、pp.89-102

25）関根孝（2020）「オムニチャネル化と実店舗の存在理由―文献レビュによる考察―」、『専修商学論集』、pp.147-165

26）徐彬如・侯利娟（2017）「サービス・エンカウンターにおける従業員満足と顧客満足との関係性研究の展望、『経営学論集』28（2）、pp.63-74

27）Shi, P. and Hu, Y.（2020）'Service Quality Assessment of Travel Agency O2O Model Based on Improved Evidence Theory' *Journal of Quality Assurance in Hospitality & Tourism*, 21:5, pp.524-541

28）鈴木研一・松岡孝介（2014）「従業員満足度、顧客満足度、財務業績の関係―ホスピタリティ産業における検証―」、『日本管理会計学会誌：管理会計学』22（1）、pp.3-25

29）多田雅則（2005）「サービス・プロフィット・チェーンにみる従業員満足度―職場における管理・コミュニケーションの分析―」、『産業教育学研究』35（1）、pp.58-65

30）田中規子（2009）「職務満足の規定要因―フレデリック・ハーズバーグの『動機づけ衛生理論』を手がかりとして―」、『人間文化創成科学論叢』(12)、pp.257-266

31）Tsang, N. and Qu, H.（2000）'Service quality in China's hotel industry: A perspective from tourists and hotel managers' *International Journal of Contemporary Hospitality Management*, 12:5, pp.316-326

32）Ukwayi, J.K., Eja, E. L. and Unwanede, C.C.（2012）'Assessment of tourist perception on service quality in the hospitality industry in cross river state' *Journal of Sociological Research*, 3:2, pp.1-10

33）Vargo, S.L. and Lusch, R.F.（2004）'Evolving to a New Dominant Logic for marketing' *Journal of Marketing*, 68, pp.1-17

34）Verhoef, P.C., Kannan, P.K. and Inman, J.J.（2015）'From Multi-Channel Retailing to Omni-Channel Retailing : Introduction to the Special Issue on Multi-Channel Retailing' *Journal of Retailing*, 91:2, pp.174-181

参 考 文 献

35）吉井健（2017）「ショールーマーとリバース・ショールーマーの情報探索と購買プロセスに関する考察」中央大学大学院戦略経営研究科ビジネス科学専攻博士論文

【雑誌等】
1）一般社団法人サービス連合情報総研（2019年3月6日）「リアル店舗の訪問意向に関するインターネット調査」
2）一般社団法人サービス連合情報総研（2020a）「空間デザイン企業に学ぶ－青山フラワーマーケット運営『パーク・コーポレーション』ブランドマネージャーの価値観」『SQUARE』(197) pp.2-7
3）一般社団法人サービス連合情報総研（2020b）「リアル店舗の逆襲策を考える－EC時代に生き残る新・小売店舗とは」『SQUARE』(197) pp.8-11
4）株式会社JTBパブリッシング（2005-2020）『JTB時刻表』
5）株式会社野村総合研究所（2015）「インターネットの日本経済への貢献に関する調査研究―インターネット経済調査報告書2014版―」
6）観光経済新聞（2019年6月11日）「JTB旅ホ連総会開催記念特集」
7）『日経ビジネス』（2019年6月24日号）「編集長インタビュー：日本の観光を考え直そう」、日経BP、pp.78-81
8）『日経ビジネス』（2019年7月8日号）「店、人、物流、注目分野の三番勝負『持つ、持たぬ』の損得勘定」、日経BP、pp.36-37
9）『日経ビジネス』（2019年12月23日・30日号）「日販、入場料を取る書店が大入り『本はまだ売れる』」、日経BP、pp.64-68
10）山口有次（2020）「時代変遷とコロナ禍を踏まえた観光・レジャーの変容」『2020年度余暇ツーリズム学会全国大会統一論題報告』

【ウェブサイト】
1）法務省 出入国在留管理庁（2021）「出入国管理統計」
http://www.moj.go.jp/housei/toukei/toukei_ichiran_nyukan.html（2021年7月19日閲覧）
2）一般社団法人日本自動車工業会（2020年3月）「2019年度乗用車市場動向調査」
http://www.jama.or.jp/lib/invest_analysis/pdf/2019PassengerCars.pdf（2020年10月22日閲覧）
3）株式会社JTB（2019年10月30日）「『相談料金』収受終了のご案内」
https://www.jtb.co.jp/stores/pdf/sodan.pdf（2020年10月22日閲覧）
4）観光庁 観光戦略課 観光統計調査室（2021）「旅行・観光消費動向調査」
https://www.mlit.go.jp/kankocho/siryou/toukei/shouhidoukou.html（2021年7月19日閲覧）
5）観光庁（2020）「旅行・観光産業の経済効果に関する調査研究－2018年の旅行の概況」
https://www.mlit.go.jp/common/001354466.pdf（2020年10月22日閲覧）
6）経済産業省 商務情報政策局 情報経済課（2020）「電子商取引実態調査」
https://www.meti.go.jp/policy/it_policy/statistics/outlook/ie_outlook.html（2020年10月

22 日閲覧)

7) 日経電子版（2019 年 12 月 26 日）「都市より稼ぐ『無敵』地方支店　競合なく現地密着」
https://www.nikkei.com/article/DGXMZO53842780W9A221C1EE9000（2020 年 10 月 22 日閲覧）

8) 日経 XTREND（2019 年 8 月 22 日）「NTT ドコモが店頭の看板から『ドコモ』の文字を消したワケ」https://xtrend.nikkei.com/atcl/contents/18/00194/00005/?i_cid=nbpnxr_index（2020 年 10 月 22 日閲覧）

9) 総務省 情報通信政策研究所 調査研究部（2011）「我が国の情報通信市場の実態と情報流通量の計算に関する調査研究結果（平成 21 年度）―情報流通インデックスの計量―」https://www.soumu.go.jp/main_content/000124276.pdf（2020 年 10 月 22 日閲覧）

第6章
一般社団法人サービス連合情報総研（2020）『SQUARE』（197）

第7章
1) 日本旅行（2006）「日本旅行 100 年史」
2) 島川崇（2020）「新しい時代の観光学概論」、ミネルヴァ書房

索　引

［さ行］

執筆者略歴

島川　崇【はじめに、第4章、第6章】

神奈川大学国際日本学部教授。1970年愛媛県生まれ。国際基督教大学卒業、ロンドンメトロポリタン大学院 MBA（Tourism & Hospitality）修了、東京工業大学情報理工学研究科情報環境学専攻博士後期課程満期退学。日本航空株式会社、財団法人松下政経塾、株式会社日本総合研究所、東北福祉大学、東洋大学を経て、現職。著書は、「観光につける薬」（同友館）「観光交通ビジネス」「観光と福祉」（いずれも成山堂書店）「新しい時代の観光学概論」（ミネルヴァ書房）等。サービス介助士、総合旅行業務取扱管理者、総合旅程管理主任者。

神田　達哉【第2章、第5章、第6章、おわりに】

一般社団法人サービス連合情報総研 業務執行理事兼事務局長。1976年兵庫県生まれ。同志社大学卒業、社会情報大学院大学 広報・情報研究科専門職修士課程修了、北海道大学大学院 国際広報メディア・観光学院博士後期課程。JTB グループ労働組合連合会特別執行役員、サービス・ツーリズム産業労働組合連合会特別中央執行委員。「週刊トラベルジャーナル」にて連載コラム「視座」執筆。著書は、「ケースで読み解くデジタル変革時代のツーリズム」（ミネルヴァ書房、共著）。総合旅行業務取扱管理者、総合旅程管理主任者、世界遺産検定2級。

青木　昌城【第1章、第3章、第6章】

ホスピタリティーコーチングサービス代表。1961年神奈川県生まれ。大学在学中、外務省派遣員として在エジプト日本国大使館勤務。卒業後、株式会社帝国ホテル、シティグループ・プリンシパル・インベストメンツ・ジャパン株式会社入社。リーマンショックを経て現職。元中小企業基盤整備機構関東本部 経営支援アドバイザー。一般社団法人サービス連合情報総研 客員研究員。著書は、『「おもてなし」依存が会社をダメにする─観光、ホテル、旅館業のための情報産業論』（文眞堂）「地球の歩き方 エジプト・イスラエル」（ダイヤモンド・ビッグ社）「ケースで読み解く デジタル変革時代のツーリズム」（ミネルヴァ書房）等。一般社団法人日本産業訓練協会 公認 MTP インストラクター。

執 筆 者 略 歴

や じ ま　 とし ろう
矢嶋　敏朗【第 7 章】

日本大学国際関係学部准教授。1962 年東京都生まれ。1987 年㈱日本旅行入社。団体営業、商品企画、国内仕入、カード会社との新規事業、広告会社出向など経験。特に広報を足掛け 20 年間担当し、広報室長から（一社）日本旅行業協会＜ JATA ＞に出向し広報室長兼人材育成を担当。JATA で人材育成関連では、業界横断インターンシップや東洋大学との「産学連携サービス経営人材育成事業」などを担当。働きながら、東洋大学大学院国際地域学研究科国際観光学専攻修士課程修了 (国際観光学修士)。その後、東洋大学国際観光学部などで非常勤講師を経験し、2019 年より現職（日本旅行は、勤続 31年）。著書は、「旅行業概論」（同友館）、「復興ツーリズム観光学からのメッセージ」（同文館）、「観光の辞典」（朝倉書店）、＜各共著＞など。総合旅行業務取扱管理者。

人が活躍するツーリズム産業の価値 共 創 　定価はカバーに表
　　　　　　　　　　　　　　　　　　　示してあります。

2021年12月18日　　初版発行

共著者　島川　崇・神田達哉・青木昌城・矢嶋敏朗
発行者　小川典子
印　刷　三和印刷株式会社
製　本　東京美術紙工協業組合

発行所　株式会社 成山堂書店

〒160-0012　東京都新宿区南元町4番51　成山堂ビル
TEL：03(3357)5861　　FAX：03(3357)5867
URL：http://www.seizando.co.jp
落丁・乱丁本はお取り換えいたしますので，小社営業チーム宛にお送りください。

観光交通ビジネス

塩見 英治・堀 雅通・島川 崇・小島 克己　編著
A5 判・304 頁・並製カバー　定価 3,080 円

観光の基本的要素である交通（陸・海・空）について、ビジネス、サービスの視点で解説、新たな観光のスタイル、観光需要を増やすためのマーケティングや人材育成、まちづくりといった業界の理論と実務、現状と展望も紹介する。産業としても重要性を増している観光とそれに関わる交通の概略を学ぶことができるテキスト。

観光と福祉

島川　崇　編著　米谷光正／竹内敏彦／伊藤茂／徳江順一郎／安本宗春／冨樫正義／
橋爪智子／増子美穂／谷麻衣香／松本彩／板垣崇志　共著
A5 判・280 頁・並製カバー　定価 3,080 円

観光に関わる交通機関、旅行業者、宿泊業者、地方自治体などの福祉への取組み、介助士や補助犬などの福祉のサポートシステムなど、具体例を挙げながらその現状を紹介する。さらに、これらの取組みを一過性で終わらせないための課題も提起する。観光を推進するだけでなく、心のバリアフリーが定着する真の意味での福祉社会の在り方を考える一冊。

台湾訪日旅行者と旅行産業　インバウンド拡大のためのプロモーション

鈴木 尊喜　著
A5 判・212 頁・並製カバー　定価 2,860 円

台湾の訪日旅行産業を今日まで発展させた背景にある、日台関係の歴史や台湾の旅行業の制度や仕組み、歴史を解説、近年の旅行形態の変化を考察する。旅行事情や制度、歴史的背景を分析し、台湾訪日旅行産業を理解することで、これからの旅行者への対応、旅行会社としての取組み、現地の旅行産業との接触のあり方などを考察する。

＊定価は税込です。